2024 금융영업 트렌드

금융 영업 트렌드 2024
AI 시대 금융 영업인을 위한 현장 가이드

초판 1쇄 펴냄 2024년 1월 26일

지 은 이	김승동 정성훈 이종헌 김소리 조정익
엮 은 이	공민호
펴 낸 이	최나미
편　　집	김동욱
디 자 인	강지연
경영지원	고민정
펴 낸 곳	한월북스
출판등록	2017년 7월 13일 제 2017-000007호
주　　소	서울특별시 강남구 광평로 56길 10, 광인빌딩 4층 (수서동)
전　　화	070-7643-0012
팩　　스	0504-324-7100
이 메 일	hanwallbooks@naver.com
I S B N	979-11-986377-0-3

책값은 표지 뒤쪽에 있습니다.
잘못 만들어진 책은 바꾸어 드립니다.
이 책 내용의 전부 또는 일부를 재사용하려면 반드시 저작권자와 한월북스 양측의 동의를 받아야 합니다.
이 도서의 국립중앙도서관 출판예정도서목록(CIP)은 서지정보유통지원시스템 홈페이지(http://seoji.nl.go.kr)와 국가자료종합목록 구축시스템(http://kolis-net.nl.go.kr)에서 이용하실 수 있습니다.

2024

AI 시대 금융 영업인을 위한 현장 가이드

금융영업 트렌드

김승동 정성훈 이종헌 김소리 조정익 공저 공민호 엮음

목 차

머리말
이제 다시 시작이다, 젊은 날의 보험이여 … 11

1장
보험 산업 트렌드(김승동)

1부 2023년 돌아보기
: 중꺾마, 중요한 건 꺾이지 않는 마케팅 … 17

1. IFRS 17, 보험사의 작은 전략까지 바꿔 놨다 … 17
2. 10년 전 절판 마케팅 후유증… 5년납 상품 열풍의 배경 … 22
3. 경쟁력 있는 상품 판매 금지 반복하는 금융당국 속내는? … 29
4. 보험금 안 주기 위한 의료자문? 하지만 더 많아질 듯 … 32
5. 빅테크의 보험 진출, 반쪽짜리 성공이라도 할까? … 36

2부 2024년 미리보기
: DB는 사라지고, MZ가 떠오른다 … 40

1. DB가 사라진다… 설계사 각개전투에 나서라 … 40
2. 애물단지 실손보험, 5세대 나오면 해결될까? … 45
3. 정착 지원금 이슈, 업계 주도권 장악 위한 샅바 싸움? … 49
4. MZ 잡아라… 유지 기간 긴 상품을 노린다 … 55
5. 보험사 인수 후 어떤 시너지를 낼 것인가 … 60

목차

2장
보험 상품 트렌드(정성훈)

들어가며	저출산·고령화시대, 보험업계는 생존 전략이 필요하다	71

**1부 2023년 돌아보기
: 정부 정책에 의한 보험 상품 개편** — 79

1. 청년 도약을 위한 보험권 최초의 상품 — 79
2. 여행자보험은 플랫폼이 승자가 될 수 있을까? — 83
3. 굿바이, 어른이보험 — 86
4. 1년간 배타적 사용권을 받은 보험 상품을 아시나요? — 89
5. 손보 vs. 생보, 제3보험의 승자는? — 92

**2부 2024년 미리보기
: 새 먹거리는 어디에 있을까?** — 96

1. 단기납 종신보험, 다음 주인공은? — 96
2. 연금보험의 마지막 보루, 톤틴형 연금 — 101
3. 제2의 달러보험 시장이 열린다 — 107
4. 펫산업은 GO!! 펫보험은? — 112
5. 헬스케어를 넘어, 상조 시장으로 — 117

2장을 마치며
인위적인 보험 상품 개편, 과연 옳은 방향일까? — 122

목차

3장
투자 상품 트렌드(이종헌)

1부 2023년 돌아보기　　　　　　　　　　　131

1. 금리의 르네상스　　　　　　　　　　　　131
2. 가상자산, 거기 서!　　　　　　　　　　　138
3. 초대형 주가조작, 내가 아는 그 주식이 50만 원?　145
4. 연금, 이제는 때가 왔다　　　　　　　　　152

2부 2024년 미리보기　　　　　　　　　　　158

1. 공모주 '따상'은 옛말, 첫날 400%?　　　　158
2. 내 손안의 애널리스트, 챗GPT　　　　　　165
3. 금융투자소득세! 하는 거야, 마는 거야?　　171
4. 드디어 도입된 디폴트옵션, 금융 서민의 노후는 나아질 것인가?　177

목차

4장

인사노무 트렌드(김소리)

1부 2023년 돌아보기 · 191

1. 중대재해 예방을 위한 총력전 · 191
2. 최저임금에 대한 치열한 눈치전 · 200
3. 4대 기초노동질서 확립을 위한 노동청 조사 강화 · 204
4. 정부지원금의 변화 – 고용지원금은 줄고, 시설지원금은 늘고 · 210

2부 2024년 미리보기 · 213

1. ESG의 지표로서의 인사노무 관리 · 213
2. 사내근로복지기금을 바라보는 노무적 관점 · 217
3. 정부 지원 컨설팅의 알짜 활용 · 221

목 차

5장
VIP 마켓 트렌드(조정익)

1부 2023년 돌아보기　　　　　　　　　　　237

1. 하락장에 더욱 빛나는 저가 양도　　　　　　237
2. 사내근로복지기금에서 기업 부설 연구소의 향기가 난다　　250
3. 전문가의 폭발적 진입, 적인가? 아군인가?　　258
4. 죽다 살아난 이익소각, 책임진 자와 도망간 자　　265

2부 2024년 미리보기　　　　　　　　　　　277

1. 유산취득세 도입, 너무 걱정하지 말자　　　　277
2. 경정청구 컨설팅, 계속해서 영업 무기가 될까?　　288
3. 2023 세법 개정안 – 혼인에 따른 증여재산공제　　294
4. 상속·증여 시장의 니즈는 충분하지만 해결사가 없다　　300

머리말

이제 다시 시작이다,
젊은 날의 보험이여

    2023년, 보험 산업을 한마디로 표현하면 '급변'이다. 아니 어쩌면 새로운 '시작'이라고 할 수도 있다. 사람이 건강하려면 혈액이 잘 돌아야 한다. 혈액순환에 문제가 생기면 각종 질병에 노출된다. 3대 성인병인 고혈압·당뇨·고지혈증은 모두 혈액과 밀접한 연관이 있다.

    성인병은 각종 합병증의 근본 원인이 될 가능성이 매우 높다. 경제의 혈액은 돈이다. 돈이 잘 돌아야 경제가 산다. 기업도 마찬가지로 돈이 잘 돌아야 성장·발전한다. 이런 돈의 흐름을 기록하는 게 바로 회계다.

    2023년은 보험사의 회계가 IFRS4에서 IFRS17로 변경된 첫해다. 회계기준 변경으로 보험사도 송두리째 달라졌다. 도입 초기에는 다소 혼란이 있었지만, 대부분 보험사의 이익 체력이 증가했다. 과거에는 규모를 키우기 위해 저축보험이나 연금보험 판매에 힘썼다. 지금은 아니다.

IFRS17을 준비하면서 특별한 이유 없이 단지 보험료 규모를 키우는 상품을 주력으로 판매하는 보험사는 없다. 과거에는 신계약 규모가 경영지표의 핵심이었지만, 이제는 신계약은 물론 유지율까지 고려해야 한다. 보험 상품을 개발하는 단계부터 미래 현금흐름에 따른 수익성을 가늠하기 때문이다. 즉, 돈이 될 상품인지, 얼마나 유지될지, 그래서 회사에 어느 정도 기여할 상품인지를 판단한다. 종합하면 보장성보험 중에서 유지율이 높을 만한 상품을 집중적으로 판매할 것이라는 의미다. 대표적인 상품이 운전자보험, 어린이보험 등이다.

판매채널에서도 지각변동이 있을 것으로 보인다. 우선 제판분리가 본격화되는 원년이다. 보험 상품 제조(상품 개발)와 판매가 완전히 구분된다는 의미다. 보험사는 보험 상품 개발 및 자산운용에만 집중한다. 그동안 보험사는 직접 판매조직을 운영했다. 그러나 한화생명이 지난 2021년 약 2만 명의 전속조직을 GA로 분리했다. 법인보험 판매대리점이라고 일컫는 GA는 보험 상품 판매에만 집중한다.

한화생명이 제판분리를 한 직후에는 우려의 시각이 더 많았다. 득보다 실이 더 클 것이라는 분석이 우세했다. 본사가 성장하기 위해서는 한화생명 상품을 더 많이 판매해 매출을 늘려야 한다. 그러나 제판분리를 통한 GA는 한화생명 상품을 집중적으로 판매할 이유가 없다.

결국 점차 한화생명 상품 매출이 감소할 것이며, 이에 따라 본사인 한화생명 이익 체력이 줄어들 것이라는 분석이었다. 그러나 한화생명은 이런 우려를 불식시켰다. 대형 GA 인수를 통해 판매조직 규모를 키운 것이다. 한화생명 초회보험료 매출은 줄지 않았고, 시장 영향력은 오히려 확대됐다. 일석이조 효과를 누린 셈이다.

한화생명의 이 같은 성공 전략을 본 중소형 보험사는 제판분리를 늦출 필요가 없어졌다. KB라이프, 동양생명, 흥국생명 등이 자회사형 GA를 설립하고 제판분리를 진행했다. 아직 제판분리를 하지 않은 보험사들도 본격적으로 검토할 수밖에 없는 상황이다.

전통적인 GA도 옥석이 가려질 수밖에 없을 것으로 보인다. GA의 가용 자본에 한계가 있기 때문이다. 이미 좋은 시스템이나 규모의 경제를 갖춰 놓았어야 한다. 그도 아니라면 틈새시장을 창출할 수 있는 영업 툴이라도 있어야 한다. 그렇지 않으면 GA 소속 설계사는 시스템이나 규모를 갖춘 대형 GA로 옮겨 갈 수밖에 없다. 대형 GA의 수수료가 더 매력적이며 영업 시스템도 편리하기 때문이다.

또한 네이버·카카오·토스 등 플랫폼 사업체가 보험 시장에 본격적으로 뛰어든다. 초기에는 큰 변화가 없을 것이다. 그러나 플랫폼이 보험 시장을 파악하고 소비자를 유혹하면, 급격한 변화가 생길 가능성도 있다.

2024년은 보험 시장이 급변하는 한 해가 될 수밖에 없다. 아니 새로운 시작이라고 해도 과언이 아닐 정도로 변화가 많을 것이다. 변화를 준비할 수 있다면 새로운 기회를 맞을 것이다. 한국 보험 산업은 아직 젊다.

저자들을 대표해서 김승동

01
보험 산업 트렌드

김승동

1부

2023년 돌아보기: 중꺾마, 중요한 건 꺾이지 않는 마케팅

1. IFRS17, 보험사의 작은 전략까지 바꿔 놨다

　10년 이상을 준비해 왔고 결국 도입됐다. 그럼에도 잡음이 적지 않았다. 지난해인 2023년 도입한 새 국제회계기준(IFRS17) 얘기다. 보험업계 종사자라면 언론 등을 통해서 보험사의 회계기준이 송두리째 변경된다는 얘기를 꾸준히 들어 왔을 것이다.
　회계기준 변경으로 저축성보험이 아닌 보장성보험에 집중해야 하며, 유지율까지 신경 써야 한다는 얘기를 잔소리처럼 들었다.

그러나 담당 부서가 아니라면 왜 보장성보험에 집중해야 하는지, 유지율이 왜 중요한지, 보험사 수익이나 설계사 수당에 어떤 영향을 미치는지에 대해서는 설명을 듣기 힘들었을 것이다.

사실 IFRS17의 내용을 이번 책에 담아야 할지 고민이 많았다. 관련 부서는 이미 아는 내용일 것이기 때문이다. 오히려 비전문가인 기자가 작성하는 게 더 엉성할 것이다. 반면 아직까지 회계기준 변경에 관심이 없다면 이 부분을 읽을 필요도 없다. 복잡한 보험 회계에 관심을 갖지 않아도 생활에는 큰 지장이 없다. 하지만 보험 시장 변화의 중심에는 IFRS17이 있다. 이에 큰 그림만 이해하고 넘어가는 게 좋겠다고 판단했다.

IFRS17 도입 논의가 본격화되던 지난 2017년, 보험업계가 큰 충격에 빠질 것이라는 의견이 지배적이었다. 한국은행 등 여러 전문 기관이 IFRS17 도입에 따른 충격을 분석한 리포트를 내놨다. 한결같이 수십억의 보험 부채가 증가할 것이라는 전망이었다. 도입과 동시에 적지 않은 보험사가 파산할 것이라는 예측도 나왔다.

비유해 표현하면 이해가 조금 더 쉬울 것이다. 주말 오전, 가족이 거실에 모여 가벼운 TV 프로그램을 시청하고 있다. 그런데 소파 밑에서 통장을 하나 찾았다. 통장에는 연 소득의 약 10배에 해당하는 숫자가 찍혀 있다. 그런데 앞에 '마이너스'가 붙어 있다.

1년에 1억 원을 버는 집에서 10억짜리 마이너스 통장이 발견

된 셈이다. 배우자에게 무슨 통장이냐고 닦달하니 그제야 이실직고한다. '코인'에 투자하려고 마이너스 통장을 개설했는데, 투자가 잘 안됐단다. 평화로운 주말 오전에 갑자기 엄청난 문제가 발생했다. 이게 지난 2020년까지 IFRS17을 바라보는 보험업계의 시각이었다. 전문가들은 보험사가 버는 연 수익의 최대 10배까지 보험 부채가 증가할 것이라고 예측했다.

그런데 막상 IFRS17을 도입하는 2023년이 되니 상황이 역전됐다. 시중금리가 급격히 올라간 것이다. 폭발적인 증가가 예상됐던 보험 부채는 오히려 감소했다. 투자한 코인이 급등한 셈이다. 보험사는 부채가 증가하기는커녕 오히려 줄고 이익이 늘어나는 상황이 됐다.

보험사의 부채 증가를 예측한 배경은 저금리 기조에 있다. 과거 회계기준(IFRS4)에서 보험 부채는 현가평가 하는 반면 자산은 시가평가 했다. 현가평가와 시가평가 기준이 달라 보험 부채가 대폭 증가한다고 예측했던 것이다.

현가평가는 보험을 판매하던 당시 이율을 기준으로 부채를 평가하는 방법이다. 따라서 시중금리에 따라 부채 규모가 변하지 않는다. 그런데 현가평가 하던 보험 부채를 시가평가 하겠다는 것이 새 회계기준인 IFRS17이다. 과거 높은 금리로 책정했던 보험 부채에 저금리를 대입하면 부채가 크게 증가한다. 그런데 2023년 즈음이 되자 시중금리가 오히려 더 올라 버렸다. 보험 부채에 적용하는 금리가 올라 버리니 부채가 감소하는 효과가 생겼다.

코로나 이후 저금리 기조가 급격히 반전했다. 금리가 급등한 것이다. 보험업계는 IFRS17 도입 효과로 약 200조 원의 보험 부채가 줄어들었다고 분석했다. 2022년 말 기준 생명보험업계의 보험 부채는 약 890조 원이었지만, IFRS17을 적용하니 740조 원으로 감소했다. 생명보험업계에서는 약 150조 원의 부채 감소 효과를 봤다. 손해보험업계도 333조 원에서 약 260조 원으로 부채가 감소한 것으로 평가됐다.

한마디로 보험사는 예상치 못했던 기회를 잡은 셈이다. 부채는 대폭 감소한 반면 이익은 커졌다. 그렇다면 실제 영업 현장에서 일하는 설계사에게는 어떤 효과가 있을까? 결론부터 얘기하면 보험사 이익이 증가했다고 해도 설계사 수당이 많아지는 일은 발생하지 않을 것이다. 다만 보험사끼리 판매 경쟁이 치열해지면 수당이 아닌 시책은 높아질 가능성이 있다.

보험사는 꾸준히 사업비를 낮춰 왔다. 가령 변액보험을 예로 들면 지난 2000년대 초반에는 월납보험료의 약 30% 가까이를 수당으로 받기도 했다. 그러나 현재는 비슷한 상품을 판매해도 10%에도 미치지 못한다. 그만큼 사업비가 줄어들었다는 뜻이다. 이는 보험사 본사가 성장해야 하기 때문이며, 보험 시장이 성장기를 넘어 성숙기로 접어든 점도 이유 중 하나다. 보험사 성장을 위해 설계사 수당을 더 지급하기 힘든 구조라는 의미다. 이에 보험사 이익과 상관없이 설계사 수당은 계속 하향곡선을 그릴 가능성이 높다.

상품 판매를 통한 설계사의 이익이 '과거의 영광'을 되찾을 수 있을까? 가능성은 낮지만 그래도 희망을 걸 수 있는 항목은 '시책'이다. 수당 이외의 판매 보너스를 기대해 볼 수 있다. GA 시장이 활성화되기 때문에 보험사들은 비슷한 상품을 두고 판매 경쟁을 해야 한다. 이때 가장 효과적인 것이 바로 시책을 활용한 마케팅이다. 다만 시책도 경쟁이 심화되면 금융당국이 업계에 자정을 요청할 수 있다. 즉, 시책도 무한정 늘어날 수 없다. 보이지 않는 천장이 있다는 의미다.

수년 전부터 IFRS17을 준비해 온 보험사의 영향으로 이미 영업 현장에서는 저축성보험 판매가 사실상 사라졌다고 해도 과언이 아니다. 앞으로도 보장성보험 중심으로 판매될 것이 분명하다. 다만 건강보험 분야에서는 시장이 포화된 유병자·고령자 대신 2030세대 등 젊은 층을 공략하기 위한 큰 흐름이 나타날 것이다. 또한 중소보험사의 경우에는 특정 영역이나 나이 등 타깃을 명확히 한 세분화 전략도 예상된다. 보장성보험을 판매하기 위한 전략인 셈이다.

보험사들은 IFRS17의 숫자를 좋게 만드는 데 모든 역량을 쏟을 것이다. 보험사가 주력으로 내놓는 상품도 마찬가지다. 수익성이 있는 보장성보험 이외에는 설 자리를 사실상 잃게 될 것으로 예상된다.

2. 10년 전 절판 마케팅 후유증… 5년납 상품 열풍의 배경

2022년 8월경부터 저축보험의 이율 경쟁이 시작됐다. 중소형 생명보험사가 4% 상품을 출시하고 3영업일 만에 5,000억 원의 매출(초회보험료)을 올렸다는 소식이 언론을 통해 알려지기 시작했다. 업계에서는 이례적인 일이라고 봤다. 당시 은행의 예금금리는 2% 중반에 불과했다.

곧이어 대형 생명보험사가 4.5% 상품을 출시했다. 그리고 연말로 갈수록 금리가 치솟았다. 결국 금융감독원이 나섰다. 너무 높은 금리를 제시하면 자산운용 수익률이 낮아질 가능성이 높고, 보험사의 장기 건전성을 해칠 수 있다며 금리 경쟁을 자중하라고 압박했다. 결국 보험사들은 5.95%에서 금리 경쟁을 멈췄지만, 2023년 초까지 저축성보험을 대거 판매했다.

특이한 점은 치열한 판매 경쟁을 진행했던 저축성보험이 모두 5년 만기 일시납 상품이었다는 사실이다. 이는 IFRS17 구조에서 부채 확대와 보험 수지차 악화를 동시에 방지하기 위한 방책이었다.

과거 IFRS4는 현금주의 회계다. 들어온 돈(보험료)과 나간 돈(보험금)의 차액을 따져 순이익을 계산했다. 10만 원의 보험료가 들어왔고, 만기가 되지 않아 보험사가 보험료를 운영하고 있다면 보험사 이익은 10만 원이 잡힌다. 이에 과거 일부 보험사는 당기순

이익을 늘리기 위해 단기간에 저축성보험을 대거 판매하기도 했다.

반면 IFRS17은 발생주의 회계다. 최종적으로 나갈 돈을 계산한다. 저축성보험을 일시납 상품으로 판 것은 발생주의 회계 때문이다. 가령 5년 만기 상품으로 매월 10만 원의 보험료를 받는 계약을 했다고 하자. 총납입 보험료는 600만 원(10만 원×60개월)이다. 이율까지 감안해서 최종적으로 630만 원이 지급된다고 가정한다. 이 경우 보험사는 초회보험료(가입하고 처음 납입하는 보험료)로 10만 원만 받았더라도 회계장부에는 630만 원의 부채가 잡힌다. 이를 방지하기 위해 일시납 상품 위주로 판매한 것이다. 즉, 처음부터 600만 원을 받아 자산 600만 원을 책정한다. 부채도 바로 630만 원을 잡는다. 이렇게 하면 저축성보험을 판매해도 보험사 회계에 큰 무리가 없다.

저축성보험을 대거 판매하기 시작한 이유는 보험사에서 돈이 급격히 빠져나갔기 때문이다. 즉, 저축성보험에서 대량 환매가 발생한 것이다. 이는 지난 2013년 2월 15일 세법 개정 전 대규모 절판 마케팅이 있었기 때문이다.

2013년 세법 개정 전에는 보험차익에 비과세 한도가 없었다. 1억 원을 가입하든 10억 원을 가입하든 발생한 보험차익에 대해 전액 비과세였다. 그러나 2013년 2월 15일 이후 가입자는 개인당 2억 원을 초과하는 금액에 비과세가 적용되지 않았다. 즉, 2억 원의 비과세 한도가 신설된 것이다.

이에 보험사는 2012년 하반기 세법 개정안이 발표된 직후부터 연금보험 등 저축성보험에 가입해야 한다는 내용으로 절판 마케팅에 돌입했다. 비과세 혜택을 보려는 자산가들의 뭉칫돈이 유입됐다. 당시 가입한 상품의 비과세 조건은 5년 이상 납입, 10년 이상 유지다. 이 뭉칫돈이 10년 이상 유지해 비과세 혜택을 받을 수 있게 되자 해약 움직임이 시작되었다.

코로나 종식 후 시중금리가 대폭 올랐다. 과거 연금보험 등 저축성보험에서 자금을 유지하는 것보다 다른 상품으로 갈아타는 게 유리해졌다. 새로운 상품이 기존 상품보다 투자 매력이 높기 때문이다. 이에 보험사들은 과거 상품을 해지하는 고객을 다시 붙잡기 위해 고육지책으로 5년 만기 일시납 저축보험을 개발, 판매한 셈이다.

열풍이 불었던 단기납 종신보험도 사정을 들여다보면 수지차 악화 방지라는 배경이 존재한다. 물론 보장성보험의 대표 상품인 종신보험이라는 점도 주요했지만, 그보다 단기납 종신보험 특성상 보험료를 단기간에 흡수할 수 있다는 점이 크게 작용했다.

목돈을 흡수할 수 있고, 최소 5년까지는 해지할 확률이 낮다는 계산이다. 단기납 종신보험의 명확한 정의는 없다. 그러나 업계에서는 납입 기간이 10년 이내인 상품을 단기납으로 통칭한다. 보험사들은 5년납, 7년납 상품을 주력으로 판매했다. 그중에서 5년납을 살펴보자.

5년납 종신보험은 말 그대로 납입 기간이 5년인 상품을 의미한다. 납입 기간만 5년일 뿐 만기는 종신이다. 납입 완료 전까지는 환급률이 40~50% 정도에 불과하지만, 5년 만기가 지나면 환급률이 100% 이상으로 뛴다.

저해지 환급형 구조와 함께 납입 완료 보너스 등을 상품에 탑재했다. 단기납 종신보험은 사실 5년 만기 적금과 비슷하다. 실제 은행 상품과 이자를 비교했을 때도 매력적이다. 여기에 납입 중에 보험 사고가 발생했을 때 보장까지 받을 수 있다는 점이 추가 매력이다.

소비자 입장에서 저축을 생각할 때도 충분히 고려할 만한 상품이다. 판매하는 설계사 입장에서도 저축성보험 판매보다 매력적이다. 보장성보험이기 때문에 상대적으로 판매 수당이 많다. 보험사 입장에서도 나쁠 이유가 없다. 수지차 역전을 막을 수 있는 거의 유일한 보장성보험이기 때문이다.

단기납 종신보험은 납입 기간을 단축시킨 상품이다. 그래서 같은 사망보험금을 보장받는다는 조건일 때 매월 납입하는 보험료 규모가 크다. 게다가 비과세 혜택 축소 전에 들어왔던 뭉칫돈을 해지하고, 다시 단기납 종신보험에 가입을 권할 수도 있다. 이때는 선납을 활용해 사실상 일시납 형태의 상품에 가입할 수 있다. 목돈을 넣어 두면 보장을 받을 수 있고, 여기에 돈 복사(높은 이율 적용)까지 가능한 것이다.

2022년 하반기부터 발생한 5년 만기 일시납 저축성보험 판매 경쟁은 2013년 2월 비과세 한도 변경 시점의 절판 마케팅 영향이 가장 크다고 할 수 있다. 또 2023년 본격적으로 판매 경쟁 열풍이 불었던 단기납 종신보험 역시 2013년 세법 개정 전에 유입된 자금이 빠져나가는 것을 방지하고, 보험 수지차 역전을 방어하기 위한 전략 중 하나라고 할 수 있다. 과거 가입한 저축성보험 해지를 권하고 단기납 종신보험에 가입하면서 선납 기능을 적용하면, 5년(7년) 만기 예금에 가입한 셈이 된다.

이처럼 보험사들의 단기납 종신보험 판매 경쟁이 과열되자 금융당국이 진화에 나섰다. 2023년 9월 이후에는 납입 기간이 10년 이내인 단기납 종신보험의 납입 완료 시 환급률이 100% 이하가 되도록 설계하라는 행정명령을 내렸다.

행정명령이란 금융당국이 직권으로 법령 등을 지키도록 필요한 지침을 제시하는 행위다. 종신보험이 저축이나 예금으로 오인 판매되는 것을 방지한다는 명목이었다. 보험사들은 행정명령에 따라 납입 완료 시점에는 환급률이 100% 이내지만, 10년 유지 시 환급률은 120% 내외인 상품으로 개정했다. 다만 일부 보험사는 전 기간 선납이 가능하도록 했다.

가령 7년납 상품은 매월 납입한다면 84개월(12개월×7년)을 납입해야 한다. 초회보험료를 납입할 때 83회까지 선납할 수 있도록 만든 것이다. 사실상 일시납 상품에 가입하는 구조다. 이처럼 선납이 가능하도록 한 배경에도 역시 수지차 악화가 있다는 게 전문가들의 시각이다.

즉, 2013년 세법 개정 전 가입한 상품을 해지하고 높은 이율을 적용하는 단기납 종신보험으로 갈아타는 것을 추천한다. 기존 상품을 해지하고 신규 상품에 가입하면 향후 이율이 더 많다는 점을 강조한다. 게다가 종신보험이기 때문에 만약의 경우 사망보험금을 받을 수 있는 부가 서비스까지 있다는 점을 알린다. 소비자 입장에서는 안 할 이유가 없다. 보험사 입장에서도 빠져나가는 돈을 묶어 놓을 수 있다. 수지차 악화를 방어하는 것이다. 게다가 저축성보험 대비 수익성도 더 좋다.

그러나 금융당국이 또 방어하고 나섰다. 단기납 종신보험을 저축 콘셉트로 판매하려면 저해지 환급형 구조가 필수다. 환급률을 높여야 하기 때문이다. 저해지 환급형 구조는 일시납으로 만들 수 없다. 저해지 환급형 상품을 일시납으로 만들려면 상품 기초 요율인 예정해지율을 월납과 다르게 설정해야 한다.

저해지 환급형 구조는 납입 기간에 해지할 경우 환급금이 매우 적다. 그러나 납입을 완료하면 일시에 환급금이 증가한다. 중간에 해지하는 가입자의 보험료를 장기 유지자에게 나눠 주는 형태이기 때문이다.

기존 상품은 기초 요율로 3가지가 들어간다. 예정이율(장기간 보험사가 자산운용으로 낼 수 있을 것으로 예상하는 이율), 예정사업비(상품 판매 및 운영으로 발생할 것으로 예상되는 사업비), 예정위험률(보험 사고 발생 확률)이다. 저해지 환급형 상품은 여기에 예정해지율(가입자가 중도에 해지할 확률)이 포함된다.

일시납 상품은 중간에 해지할 확률이 매월 납입하는 상품보다 낮다. 게다가 저해지 환급형 상품에 일시납으로 가입했다면 중간에 해지할 확률은 더욱 낮을 것이다. 그러나 사실상 일시납 상품과 같은 전 기간 선납 상품을 개발할 때 저해지 환급형에 적용되는 해지율을 그대로 썼을 것이다. 다시 말해 상품의 납입 특성에 맞는 해지율이 제대로 반영되지 않았을 것이 분명하다. 이에 금융당국은 전 기간 선납을 허용하지 않았다. 더불어 최대 1년까지만 선납할 수 있도록 해야 한다고 권고했다.

결국 전 생명보험사는 5년납, 7년납 등 단기납 종신보험의 환급률을 10년 이전에는 100% 이내로 하고, 10년이 지난 즉시 120% 내외의 환급률을 기록하도록 개정했다. 10년을 유지하면 비과세 혜택도 받을 수 있다는 점을 강조하는 쪽으로 마케팅 전략을 세웠다.

5년만 납입하면 원금보다 더 많이 받을 수 있는 기존 상품에 비해 납입 기간이 10년으로 늘어났다는 건 상품 경쟁력이 좋지 않아졌음을 의미한다. 그러나 생명보험사 입장에서는 방법이 없다. 저축성보험을 판매하기에는 수익성이 상대적으로 좋지 않기 때문이다.

3. 경쟁력 있는 상품 판매 금지 반복하는 금융당국 속내는?

보험 상품이 히트하려면 소비자의 눈길을 끌어야 한다. 소비자의 눈길을 끌려면 상품 경쟁력이 우수해야 한다. 상품 경쟁력이 우수하다는 건 경쟁사 대비 보험료가 저렴하거나 보장액이 커야 한다는 의미다. 여기에 하나가 더 있다. 보험 소비자에게 명확한 이득을 줘야 한다.

소비자에게 명확한 이득을 준다는 건 결국 보험사 입장에서 받은 보험료 대비 지급하는 보험금이 더 커질 수 있다는 뜻이기도 하다. 이는 곧 손해율 상승을 의미한다. 손해율이 일정 수준 이상 높아지면 보험사는 손해를 본다. 보험사의 손실이 커지면 지속가능경영이 불가능해진다. 한마디로 보험사 건전성이 악화되며, 심화될 경우 망할 수도 있다.

경쟁이 치열해지면 손해율이 상승하고, 보험사 건전성에 악영향을 미친다. 금융당국이 가장 신경 쓰는 포인트는 사실 소비자 민원이 아니다. 보험사의 건전성이다. 소비자 민원은 보험사를 압박해서 줄일 수 있는 문제다. 반면 보험사 건전성이 악화되어 경영에 심각한 문제가 발생하면, 그 책임이 금융당국으로 돌아올 수 있다. 이에 금융당국은 각 보험사에 경쟁보다 건전 경영을 추구하라고 강조한다. 이런 기조 탓에 금융당국은 보험사들의 상품 판매 경쟁이 과열되면 진압을 하고 나서게 된다.

2023년에도 금융당국이 진압에 나선 상품이 적지 않았다. 대표적인 상품이 바로 단기납 종신보험이지만 앞서 설명했으니 다른 상품을 살펴보자.

과거 어린이보험은 태아부터 15세까지만 가입할 수 있었다. 그러나 수년 전부터 일부 보험사가 어린이보험 가입 나이를 조금씩 높여 왔다. 금융당국이 가입 나이를 다시 제한하기 전에는 35세까지 가입 나이가 늘어났다. 일명 어른이보험이 개발된 것이다. 보험사는 어른이보험이 기존 성인보험보다 보장금액이 더 크고 보험료도 저렴하다고 강조하며 판매해 왔다.

그런데 '어린이'의 정의는 무엇일까? 어린이는 대개 4세부터 초등학생까지를 칭한다. 이에 과거에는 15세까지 어린이보험에 가입할 수 있었다. 그러나 어린이보험의 낮은 보험료와 많은 보장을 강조하며 경쟁이 치열해지자 20세, 25세, 30세, 35세까지 점차 가입연령이 확대되었다.

심지어 일부 보험사에서 40세까지 가입할 수 있는 어린이보험을 출시할 움직임을 보이자 금융당국이 제동을 걸었다. 어린이보험은 15세까지만 가입할 수 있고, 16세 이후에는 다른 상품으로 가입하라고 행정명령을 내린 것이다.

비슷한 사례는 어렵지 않게 찾아볼 수 있다. 2021년 말에 출시되어 2022년에 대대적으로 판매된 운전자보험 변호사 선임 비용 및 형사 합의금 특약이다. 이 담보를 가장 먼저 출시한 DB손해보험은 최고 보상 한도로 5,000만 원을 설정했다. 그러나 경쟁이 심화되자 변호사 선임비 보상 한도가 7,000만 원, 1억 원까지 치솟았다. 금융당국은 과거 지급된 최고 보험금이 약 3,000만 원에 불과한데도 과도하게 보장금액을 올리고 있다며 제동을 걸었다. 이에 보험사들은 경쟁을 멈추고 다시 5,000만 원 한도로 보장금액을 낮췄다.

금융당국이 행정명령을 동원하지 않고, 구두상으로 압박한 사례도 많다. 대표적인 것이 간호간병 통합서비스 특약이다. 이 특약은 간호간병 통합서비스 병실에 입원할 경우 보험금을 지급한다. 상품 출시 초기에는 보장금액이 크지 않았다. 그러나 경쟁이 격화되며 점차 보장액이 커졌고, 최대 35만 원까지 높아졌다. 중복 가입을 막을 수 있는 방법도 없었다. 업계 누적 가입 한도가 없었기 때문이다.

가입자 입장에서는 유혹이 생긴다. 여러 건의 간호간병 통합서비스 특약에 가입한 후 돈을 벌 목적으로 장기 입원을 할 수도 있다. 일종의 연성 보험사기인 셈이다. 이에 금융당국이 일선 보험사의 담당자를 소집, 경쟁을 자중하라고 압박했다는 것이 업계의 풍문이다. 결국 간호간병 통합서비스 특약의 보험금이 대폭 줄어들었다.

4. 보험금 안 주기 위한 의료자문? 하지만 더 많아질 듯

실손의료보험은 가입자가 병원 등 의료기관에 실제 지급한 의료비를 보장하는 상품이다. 얼마 전까지만 해도 치료 목적으로 발생한 의료비에 대해서 보험사들은 지체 없이 보험금을 지급하는 편이었다. 그러나 문제가 발생하기 시작했다. 2017년 시행된 '건강보험 보장성 강화' 정책인 일명 '문재인 케어' 때문이다.

실손보험에 가입한 환자가 내는 의료비는 크게 2가지다. 국민건강보험에서 일부 의료비를 대신 지급하고, 국민건강보험에서 지급하지 않는 의료비를 실손보험에서 대신 지급한다. 이에 보건당국은 건강보험의 보장률을 높이면 자연스럽게 실손보험에서 지급하는 보험금이 줄어들 것으로 예상하며, 정책을 시행했다. 즉, 의료서비스 전체 양은 같다는 가정이다. 건강보험이 활성화되면 실손보험은 위축될 것이라는 판단이었다.

막상 뚜껑을 열어 보니 예상과 전혀 달랐다. 실제 의료서비스를 제공하는 의사는 국민건강보험에서 보상하는 '급여' 진료보다 실손의료보험에서 지급하는 '비급여' 진료를 더 선호했다. 비급여 진료가 더 많은 의료비를 받을 수 있기 때문이다. 즉, 의사가 돈을 벌기 위해서다.

2017년, 실손보험은 이미 제2의 국민건강보험이라고 불릴 정도로 가입자가 많았다. 그래서 의사가 환자에게 실손보험 가입 여부를 먼저 묻고 이후 어떤 치료를 할지 선택하기도 했다. 실손보험 가입자에게는 비싼 비급여 진료를 진행하기 위해서다.

사실 환자에게도 나쁜 점은 없다. 어차피 비급여 진료도 실손보험에서 대부분 보상해 주기 때문이다. 그저 의사가 권하는 양질의 의료서비스를 받으면 된다. 비용을 걱정하지 않기 때문에 병원에 자주 가는 사람도 늘어났다.

상황이 이처럼 흘러가자 의료서비스는 급격히 증가하기 시작했다. 보건당국의 예상과 전혀 다른 양상으로 진행되었다. 국민건강보험 재정이 악화되는 동시에 실손보험 손해율도 본격적으로 치솟기 시작했다.

결국 문제가 터졌다. 지난해 한 대형 언론사가 의료 재료 중 일부인 'MD크림(Medical Device, 점착성 투명창상 피복재)'이 중고 마켓에서 판매되고 있다는 기사를 냈다. MD크림은 일반 화장품과 달리 의료기기로 구분된다. 피부과 등에서 비급여 처방을 받은 뒤 실손보험으로 처리할 수 있다. 이를 악용해서 일부 실손보험 가입자가 MD크림을 대량으로 구매하고, 실손보험으로 비용을 청구했다. 이후 '당근마켓' 등 중고 거래 플랫폼에서 재판매하는 방식으로 돈을 벌고 있다는 지적이 나왔다.

보험업계는 발칵 뒤집어졌다. 즉시 MD크림에 보험금 지급을 중단했다. 그러자 선량한 가입자가 피해를 본다는 민원이 쇄도했다. MD크림은 아토피피부염 환자 등이 사용한다. 환자가 직접 사용하는 MD크림까지 실손보험에서 보상하지 않으면 약관을 위배하는 것이다.

결국 타협점을 찾았다. 의사가 직접 마개를 열어 도포한 MD크림 1개만 실손보험에서 처리하는 방식이다. 이 사건 이후 실손보험은 보험금 지급이 매우 까다로워졌다. 소위 '치료의 필요성' 및 '증상의 개선'을 따지기 시작했다.

과거에는 의사의 치료에 따라 의료비가 발생했다면 무조건 보험금을 지급했다. 그러나 이제는 정말 치료할 필요성이 있었는지를 확인한다. 가령 아프지도 않은데 병원에 갔는지 따져 보는 것이다.

증상의 개선도 확인한다. 치료를 받으면 몸이 나아야 한다. 예를 들어 근육통으로 도수치료를 받는다고 가정하자. 과거에는 도수치료를 받았다는 서류를 보험사에 제출하면 보험금을 지급했다. 하지만 지금은 어떤 통증으로 도수치료를 받을 수밖에 없었는지, 그리고 도수치료를 받으면서 몸이 나아지고 있는지를 확인한다. 보험사는 실손보험 가입자인 환자에게 관련 서류를 요청한다. 만약 서류를 제대로 제공하지 않으면 의료자문을 진행한다.

실손보험뿐만이 아니다. 보험사들은 여러 보험에서 치료의 필요성을 따지기 시작했다. 대표적인 것이 갑상선 결절 고주파 절제술이다. 갑상선은 목에 있는 내분비선으로 갑상선 호르몬을 분비한다. 고주파 절제술은 갑상선 결절에 가는 핀을 꽂아 고주파로 진동을 일으켜서 발생하는 열로 결절을 태우는 수술이다. 신의료기술로 선정되었기 때문에 전통적인 메스를 쓰지 않더라도 수술로 인정한다.

그런데 일부 병원에서 갑상선 결절이 크지 않은데도 불구하고, 즉 수술 필요성이 없는데도 불구하고 보험금을 수령할 목적으로 수술을 진행했다. 이에 보험사는 보험금 지급 심사를 엄격하게 한 것은 물론, 수술 필요성을 확인하기 위해 의료자문 등도 실시했다. 결절 크기가 2㎝ 미만일 경우 수술 필요성을 인정할 수 없으며, 보험금도 지급하지 못한다는 입장이다. 또한 수술 전에 조직검사를 최소 2번 이상 해야 한다고 강조한다.

의료자문 실시가 나쁜 일만은 아니다. 보험금을 제대로 지급하기 위한 절차이기 때문이다. 이런 점을 따지지 않고 무조건 보험금을 지급하면 손해율이 높아지고, 이는 보험료 인상으로 이어진다. 다시 말해 나중에 가입할 보험 가입자의 보험료가 오를 개연성이 크다.

물론 '치료의 필요성', '수술의 필요성', '증상의 개선' 등을 따지며 의료자문을 남발한다는 지적도 있다. 다만 보험사는 보험금 지급 심사를 제대로 하기 위해 의료자문을 더 많이 실시할 수밖에 없을 것으로 예상된다.

5. 빅테크의 보험 진출, 반쪽짜리 성공이라도 할까?

네이버, 카카오, 토스 등 빅테크의 보험 산업 진출 의욕은 하루이틀 된 이슈가 아니다. 빅테크는 보험 산업에 진출하기 위해 지속적으로 노크했다. 그리고 2022년 7월 19일, 금융위원회는 정례회의에서 온라인보험의 비교·추천을 혁신금융서비스로 지정했다.

이 서비스에는 네이버, 카카오, 토스는 물론 뱅크샐러드, 에스케이플래닛, NHN페이코, 쿠콘, 핀다, 핀크, 해빗팩토리, 헥토데이터 등 11개 핀테크 업체가 참여한다. 다시 말해 2024년부터 네이버나 카카오 등에서 보험을 비교하고 가입할 수 있게 되었다는 뜻이다.

온라인보험 비교·추천서비스를 바라보는 시각은 아직 엇갈린다. 소비자 입장에서는 보험 가입 편의성도 높아지고, 비교도 훨씬 수월해질 것이라는 의견이다. 반면 보험사 입장에서는 빅테크에 종속되는 것이 아니냐는 의견이다.

금융당국이 풀어 준 상품은 여행자보험, 자동차보험, 실손보험 등 일부에 불과하다. 종신보험, 변액보험, 외화보험 등은 아예 비교를 금지했다. 이처럼 비교할 수 있는 상품군 자체가 적어 큰 효용성이 없을 것이라는 시각이다.

2015년에는 금융위원회가 주도해 '보험다모아'를 구축했다. 보험다모아에서는 자동차보험, 실손보험 등 일부 상품을 비교했다. 그러나 비교가 제대로 되지 않았고, 소비자가 네이버 등에서 검색 후 다시 들어와 확인해야 하는 등 불편한 점이 많았다. 그래서 활성화되지 못했다. 그렇다면 2024년 빅테크는 온라인보험 시장에서 영향력을 행사할 수 있을까? 이를 알아보려면 이미 진출해 있는 온라인 전업 보험사를 살펴보면 될 듯하다.

우선 업계에서 그나마 성공했다고 말할 수 있는 곳은 '캐롯손해보험'이라고 입을 모은다. 캐롯손해보험은 2019년 출범했다. 이후 퍼마일 자동차보험을 앞세워 가입자를 끌어모았다. 퍼마일 자동차보험은 주행거리를 측정해 탄 만큼 매월 후불로 보험료를 납부하는 상품이다. 다른 자동차보험은 1년마다 보험료를 미리 낸다. 상대적으로 저렴한 체감 보험료 때문에 가입자가 몰렸다. 상품을 출시한 지 4년도 되지 않아 누적 가입 건수 약 140만 건을 달성했다. 자동차보험 재가입률도 90%가 넘는다. 가입자도 많고 충성도도 높은 셈이다.

그러나 문제가 있다. 자동차보험 중심의 사업 구조다. 자동차보험은 전통적으로 이익을 보지 못하는 상품군이다. 강제보험으로 금융당국이 사실상 보험료를 관리한다. 또한 가격 민감도가 가장 높은 상품으로 보험료를 올리면 즉시 경쟁사로 갈아타게 된다. 다시 말해 수익을 위해 가격을 조절하기 쉽지 않다는 뜻이다. 캐롯손해보험은 출범 후 지금까지 약 2,000억 원의 적자를 기록하고 있다.

캐롯손해보험이 적자에서 탈출하려면 자동차보험으로 모집한 고객을 운전자보험 등 다른 장기보험으로 업셀링해야 한다. 그러나 캐롯 자동차보험을 선택한 가입자에게 업셀링을 위한 정보를 전달해도 체결률이 신통치 않다는 것이 캐롯손보 내부의 의견이다.

우리나라에서 가장 먼저 등장한 온라인 전업 생명보험사인 교보라이프플래닛도 있다. 라이프플래닛은 2013년 출범했다. 그리고 2022년 말까지 약 1,540억 원의 손실을 기록했다. 라이프플래닛의 모기업인 교보생명은 출범 이후 지속적으로 라이프플래닛을 지원했다. 그 금액만 2,440억 원이라고 한다.

하지만 매년 말 지분 가치를 평가하는 과정에서 690억 원을 감액 회계 처리했다. 심지어 라이프플래닛과 별도로 교보생명 본사에 온라인 전담 부서를 만들었다. 교보생명도 온라인보험사는 사실상 실패로 받아들인다는 것이 업계 관계자들의 견해다.

마지막으로 카카오에서 출범시킨 카카오페이손해보험도 있다. 카카오페이손보는 2022년 정식 출범했다. 출범 첫해에는 별다른 두각을 나타내지 못했다. 그러다 2023년 6월 해외여행자보험을 출시했고, 카카오톡 등 플랫폼에서 알리기 시작했다.

이 여행자보험은 사용자가 원하는 보장을 마음대로 더하고 뺄 수 있다는 특징이 있다. 여기에 사고가 발생하지 않았다면 여행 후 납입한 보험료의 일부를 돌려준다. 가입 편의성이 높고 서비스도 좋다는 소문이 나자 판매가 급증했다. 2023년 하반기에는 여행자보험 판매 건수 업계 1위인 삼성화재를 추월하기도 했다.

하지만 카카오페이손보도 문제점이 있다. 판매하고 있는 여행자보험의 가입자 평균보험료가 5,000원 내외에 불과하다. 보험료 규모가 작아 수익성이 거의 없다. 카카오페이손보도 캐롯손보처럼 여행자보험 가입자를 수익성 높은 다른 상품으로 업셀링해야 한다는 숙제가 남아 있다.

온라인보험의 경쟁은 2024년부터 본격화할 것이라는 게 업계 전문가들의 예상이다. 그러나 캐롯·라이프플래닛·카카오페이손보 등의 사례를 봤을 때 성공 가능성보다 실패 가능성이 더 크다는 의견에 무게가 실리고 있다. 기존과 다른 접근 방식이 필요해 보인다.

2부

2024년 미리보기
: DB는 사라지고, MZ가 떠오른다

1. DB가 사라진다… 설계사 각개전투에 나서라

지난 2022년 11월 DB손해보험은 운전자보험에서 변호사를 선임할 수 있는 담보를 업계 최초로 출시했다. 이 상품이 출시되자마자 한 유튜버는 본인 채널에서 "운전자보험 변호사 선임비 한도는 5,000만 원, 최하 3,000만 원을 무조건 받을 수 있습니다. 아는 변호사 선임하고 나중에 페이백으로 변호사에게 보험금 일부를 돌려받으세요."라고 방송했다.

이런 주장은 위험한 측면이 있다. 보험사기방지특별법(보험사기방지법) 위반 혐의로 형사처벌을 받을 가능성이 높기 때문이다. 아울러 해당 유튜버는 금융소비자보호법을 위반한 소지가 있다.

실제 해당 상품의 변호사 선임비는 정액보상이 아닌 실손보상이다. 변호사를 선임할 때 보험사가 3,000만 원 혹은 5,000만 원을 무조건 지급하는 게 아니라는 의미다. 실제 변호사에게 지급한 비용을 보상한다. 가령 변호사를 선임할 때 실제 지불한 비용이 400만 원이었다면, 보험금 최대 지급 한도가 5,000만 원이라 하더라도 400만 원만 지급하는 식이다.

해당 영상은 문제가 있다. 변호사와 짜고, 비싸게 변호사를 선임한 것처럼 서류를 만든 다음 보험금이 나오면 나중에 변호사와 운전자보험 가입자가 나눠 가지는 행위는 불법일 수 있기 때문이다. 보험사기방지법 제8조(보험사기죄)에는 "보험사기행위로 보험금을 취득하거나 제3자에게 보험금을 취득하게 한 자는 10년 이하의 징역 또는 5,000만 원 이하의 벌금에 처한다."라고 명시되어 있다. 보험사기는 보험사를 기망해 보험금을 청구하는 행위로, 금감원 관계자는 보험사기 가능성이 매우 높은 행위라고 지적했다.

금융소비자보호법 제21조(부당권유행위 금지)에는 불확실한 사항에 대해 단정적 판단을 제공하거나 확실하다고 오인하게 할 소지가 있는 내용을 알리지 못하게 되어 있다. 제22조(금융 상품 등에 관한 광고 관련 준수 사항)에서는 보장 내용이 큰 것으로 오인하게 하는 행위도 금지한다. 실제 변호사 선임비를 보장하지만, 해당 유튜버는 무조건 3,000만 원 혹은 5,000만 원을 보장하는 것처럼 설명했다. 이는 금융소비자보호법 위반 가능성이 매우 높다.

해당 유튜버의 행위는 금융감독원과 손해보험협회에도 전달됐다. 그 결과 해당 영상은 삭제되었다. 아울러 생명·손해보험협회는 금융소비자보호법 실태 점검에 들어갔다. 2021년 3월 금융소비자보호법이 도입된 이후 2년여가 지난 시점이다.

생명·손해보험협회는 2차례에 걸쳐 금소법 위반을 점검했다. 협회는 위반 사항을 적발하고 소액의 벌금을 부과했다. 그리고 점검 내용을 금융당국과 공유했다. 이런 과정은 금융감독원이 금융소비자보호법 위반 사례를 반복적으로 위반한 설계사를 찾는 과정이라는 것이 보험업계 고위 관계자들의 지배적인 시각이다. 즉, 보험협회가 2차례에 걸쳐 금융소비자보호법 위반 실태를 점검한 후 비로소 금융감독원이 나서는 것은, 제재 수위를 높이기 위한 명분을 쌓는 과정이라는 의미이다.

금감원은 운전자보험을 과장해 설명한 유튜버를 소집해 감사를 진행했다고 한다. 아울러 유명 보험 유튜브 채널을 대상으로 광고 심의와 금소법 준수 여부 등을 현장 감사했다. 이를 위반한 보험사나 GA, 보험설계사에게는 무거운 과태료를 부과할 것이라 예고했다. 금융소비자보호법이 도입된 지 3년 가까이 되고 있어 본보기 제재가 진행될 것이라는 시각이 많다.

만약 금감원이 금소법 위반자를 예상보다 높은 수준으로 제재하면 어떻게 될까? 그렇다면 보험설계사는 물론 보험사나 GA 모두 경각심을 가질 수밖에 없다.

2021년 3월 금소법이 도입될 당시, 유튜브나 블로그, SNS 등에서 고객 DB 수집을 목적으로 만든 콘텐츠들이 일제히 사라졌다. 상품을 구체적으로 언급하고, 설계사 개인의 연락처를 남겨 놓는 행위 등은 모두 금소법 위반이기 때문이다.

그러나 금소법이 도입된 이후 제재는 없었다. 이에 일각에서 다시 금소법을 위반한 내용의 콘텐츠가 만들어졌고, 확산됐다. 금소법 제재가 실질적으로 이뤄지면 설계사는 물론 GA는 금소법 위반 소지가 있는 콘텐츠를 모두 없앨 수밖에 없다는 게 업계의 관측이다. 금소법에 따르면 개인에게 최대 5,000만 원, GA에게 최대 1억 원의 제재금을 부과할 수 있다. 중복 부과도 가능하다. 실질적으로 발생하는 제재금이 만만치 않다.

결국 2024년 초에는 보험 시장에서 고객을 만나기 위한 DB 생성과 구입 자체가 어려워질 수 있다. 보험설계사가 영업을 위해 구입하는 DB의 90% 이상은 불법적으로 만들어졌다는 게 업계의 지배적인 시각이다. 금감원은 개인정보보호법 관련 문제도 인식하고 있다.

개인정보보호법에 저촉되지 않으려면 개인정보 수집 목적은 물론 개인정보 보관·관리 기한, 개인정보 제공 범위 등을 구체적으로 약관에 적어야 한다. 그러나 이런 것을 제대로 진행하면 DB를 만드는 회사의 수익성이 낮아질 수밖에 없다.

DB를 만들려면 이벤트를 진행해 모객하거나 상품 등을 제공해야 한다. DB 생성에도 비용이 발생한다는 뜻이다. 이에 고객 DB를 필요로 하는 곳에 반복적으로 판매해야 한다. 그러나 정상적인 방법으로는 반복적인 판매가 어려워졌다.

이에 금감원은 금소법 위반 사례를 적발, 제재하는 동시에 개인정보보호법 위반도 단속한다는 방침이다. 결국 금소법과 개인정보보호법 위반을 단속하면 시장에서 유통되는 DB가 급격히 위축될 수밖에 없을 것이다.

그렇다면 설계사는 어떻게 해야 할까? 원칙으로 돌아가는 수밖에 없다. 기존 고객에게 소개를 받고, 새로운 고객을 개척하는 방식이다. 구매한 DB로 빠르게 판매하는 방식 대신, 전통적인 영업 방식으로 돌아가야 한다. 물론 전통적인 영업이 쉽지는 않다. 하지만 확실하게 설계사의 역량을 키울 수 있는 방법이다.

2. 애물단지 실손보험, 5세대 나오면 해결될까?

지금까지 실손보험은 골칫거리였다. 그리고 2024년에도 여전히 애물단지일 것이 분명하다. 현재 실손보험은 1세대(2009년 10월 이전)부터 2세대(2009년 10월~2017년 3월), 3세대(2017년 4월~2021년 6월), 4세대(2021년 7월 이후)까지 나왔다. 계속 개정되면서 가입자의 자기부담률은 커져 왔다.

실손보험은 여전히 문제의 중심에 있다. 특히 미끼상품으로 실손보험을 함께 팔았던 손보사의 문제가 심각하다. 단편적으로 2022년 실손보험의 지급 재원인 위험보험료는 11조 4,000억 원인데, 지급보험금은 13조 4,000억 원이다. 보험사 예상보다 2조 원 더 보험금을 지급했다.

특히 IFRS17은 계약을 체결하는 즉시 손실 계약인지 이익 계약인지 구분하며, 손실이나 이익이 어느 정도일지 예측해서 회계에 반영한다. 보험업계는 2023년 한 해에만 4세대 실손보험 판매로 약 8,000억 원 손신을 볼 것으로 예측, 반영했다. 다시 말해 실손보험은 수익성 높은 다른 건강보험을 판매하기 위한 상품일 뿐, 보험사 수익성에는 전혀 도움이 되지 않는다는 의미다.

실손보험 보험료는 마치 택시비처럼 계산된다. 지나간 거리만큼 택시 비용이 오르듯, 실손보험은 지난해 손해율을 반영해 보험료를 인상하기 때문이다. 실손보험 손해율이 높기 때문에 보험료를 올릴 수밖에 없다. 매년 오르는 보험료에 소비자도 불만이 많을 수밖에 없다.

실손보험료는 정말 매년, 그것도 큰 폭으로 오른다. 보험사 손실을 메꾸기 위해서다. 그런데도 손해율이 높은 이유는 뭘까? 보험사가 지급하는 실손보험금 지급 증가율보다 보험료를 적게 올리기 때문이다. 손해율대로 하면 1,000원을 올려야 하지만 금융당국의 압박 등 여러 요인으로 500원 정도만 올린다. 이에 보험료를 인상하고도 여전히 높은 손해율을 유지한다. 이렇게 누적되는 손해율은 이듬해 또 보험료 인상의 배경이 된다.

실손보험이 1세대부터 4세대까지 개정을 거듭한 이유는 한마디로 손해율 때문이다. 보험료를 덜 올리면서 손해율 상승을 막기 위한 고육지책이었다. 그러나 실손보험 손해율 상승 흐름은 꺾이지 않았다. 보험 소비자가 실손보험 활용법을 더 빨리 찾아내기 때문이다.

이미 금융당국은 5세대 실손보험 약관을 만지작거리고 있다고 알려졌다. 다시 말해 이르면 2024년에 실손보험 개정과 관련된 논의가 나올 것이다. 물론 5세대 실손보험은 4세대보다 자기부담률이 높아질 가능성이 크다. 이미 4세대 실손보험에서는 비급여 30%를 가입자가 부담한다.

5세대는 40%를 부담할 가능성도 있다. 애매한 약관도 변경될 것이다. 애매한 약관으로 지급해 왔던 내용이 있다면 5세대부터는 지급하지 않는 방향으로 변경될 가능성이 크다. 대표적인 것이 위험분담금이다. 위험분담금은 국민건강보험에서 돌려주는 본인부담액 상한제와는 다른 개념이다.

위험분담금은 신약의 효능·효과나 보험 재정 영향 등의 불확실성을 공급자인 제약회사가 일부 분담하고자 2014년 1월에 도입된 제도다. 쉽게 말해 제약회사가 고가의 신약을 사용하는 환자에게 지원하는 돈이다.

실손보험 약관 어디에도 향후 제약사에서 받을 수 있는 위험분담금을 공제하고 보험금을 지급한다는 내용이 없지만, 보험사는 공제 후 지급해 왔다. 보험사가 유일하게 내놓는 근거는 '이득 금지 원칙'이다. 그러나 실손보험은 엄밀히 말해 손해보험 상품이 아니기 때문에 이득 금지 원칙을 적용할 수 없다. 또한 법원도 약관에 해당 내용이 없기 때문에 위험분담금을 공제해서는 안 된다는 입장이다.

앞서 실손보험은 '치료의 필요성', '증상의 개선' 등을 감안해 보험금을 지급한다고 설명했다. 위험분담금 등 제약사가 지원하는 돈도 보험사가 공제한다. 2세대 실손보험부터는 국민건강보험의 본인부담금은 당연히 공제한다.

질병 등으로 재정적 어려움이 생겼을 때 가입해 둔 상품에서 보험금을 받아 난관을 극복하기 위해 실손보험에 가입한다. 그런데 보험사는 명확한 논리도 없이 제약회사와 국가가 보조하는 금액을 중간에서 공제하고 있다. 5세대 실손보험의 약관에는 위험분담금도 공제한다는 내용이 삽입될 것으로 예측된다. 즉, 소비자 입장에서는 실손보험 상품이 갈수록 나빠지는 셈이다.

특히 4세대 실손보험에서는 연 200만 원의 자기부담금 한도도 사라졌다. 가령 3세대까지는 가입자가 내는 자기부담금이 연 200만 원을 초과하면 더 이상 내지 않았다. 자기부담금 비율이 20%이니 병원비가 1,000만 원 이상 나왔다면 환자(가입자)는 더 이상 부담하는 돈이 없다. 1,000만 원까지는 자기부담금 200만 원이 발생하지만, 2,000만 원의 병원비가 나왔어도 자기부담금은 200만 원으로 고정되어 있는 것이다. 그러나 4세대 실손보험은 이런 상한선도 없다. 큰 질병에 걸려 병원비가 많이 나오면 환자 부담도 따라서 늘어나게 된다.

반복적으로 말하지만 소비자 입장에서 실손보험은 세대를 거듭할수록 나빠져 왔다. 다시 말해 가입자 부담이 꾸준히 커져 왔다. 그럼에도 손해율은 낮아지지 않았다. 이에 보험사는 보험금 지급 심사를 더 엄격하게 하는 방식으로 대응해 왔다. 실손보험이 다시 개정되면 가입자의 자기부담금 비율도 높아질 가능성이 있다. 소비자 입장에서 더 안 좋아진다는 의미다.

그렇다면 여기서 한번 고민해 봐야 한다. 실손보험 가입이 꼭 필요할까?

보험은 발생 확률은 낮지만 한번 발생하면 재정적 리스크가 큰 사고에 대비하려고 가입한다. 그러나 실손보험은 그동안 더 작은 위험을 담보하도록 바뀌어 왔다. 그리고 가입자 부담은 꾸준히 증가해 왔다. 실손보험이라는 상품의 가성비가 계속 나빠져 왔다는 뜻이다.

5세대 실손보험으로 바뀌면서 실손보험 무용론이 조심스럽게 고개를 들 수 있다. 대신 실손보험만큼 수술·입원 등을 꼼꼼히 보장하는 건강보험이 부각될 수도 있다. 소비자 입장에서도 실손보험금을 받기 위해 보험사와 힘든 싸움을 하는 대신 보장이 꼼꼼한 정액보험을 가입하는 편이 더 편한 일이 될 수 있다.

보험사 입장에서도 보험금 상한선이 정해져 있기 때문에 손해율 관리 측면에서 더 안전하다. 결국 치료 횟수에 따라 소액 보험금을 반복 보장하는 상품이 실손보험을 대신해 판매될 가능성도 있다.

3. 정착 지원금 이슈, 업계 주도권 장악 위한 샅바 싸움?

2023년 하반기 가장 큰 이슈는 AIA생명이 자회사형으로 GA 시장에 진출하면서 발생한 정착 지원금 논란이다. 그런데 논란의 핵심은 단순한 정착 지원금 문제가 아닌 보험 판매 시장의 주도권을 잡기 위한 헤게모니 싸움이다.

　정착 지원금은 설계사가 다른 보험사나 GA로 이직할 때 일시적으로 지급하는 돈을 일컫는다. 설계사가 보험을 판매하면 익월에 수당의 대부분을 받는다. 나머지는 수년에 걸쳐 조금씩 수령한다. 고능률 설계사일수록 잔여 수당이 많이 쌓인다. 그런데 이직할 때 잔여 수당을 받을 수가 없다. 잔여 수당은 해당 계약을 지속적으로 관리하기 위해 지급하는 돈이기 때문이다.

　회사를 바꾸면 해당 계약을 관리하지 못하기에 잔여 수당도 지급하지 않는다. 하지만 고능률 설계사의 리크루팅에 힘써야 하는 GA는 이직 시 정착 지원금을 지급하며 잔여 수당을 보존해 준다. 가령 A사에서 3년간 열심히 보험 영업을 했고, 월평균 150만 원의 신계약을 달성했다고 치자. 이 설계사의 연봉은 약 1억 원 정도다. 시간이 지날수록 잔여 수당도 많이 쌓인다. 이 설계사가 B사로 옮겨 갈 때, B사에서 정착 지원금 명목으로 잔여 수당액 상당의 돈을 지급하는 식이다.

　정착 지원금은 부산 등 지방에서 먼저 생긴 제도라고 알려졌다. GA는 결국 설계사를 많이 보유할수록 더 많은 상품을 판매할 수 있다. 더 많은 상품을 판매하면 더 영향력 있는 GA가 된다. 잔여 수당을 놔두고 이직해야 하는 설계사에게 정착 지원금을 지급하면서 유혹한 것이 시작으로 알려져 있다.

　정착 지원금은 꾸준히 늘어나고 있었다. 고능률 설계사에게 구애해야 하는 GA 입장에서 더 많은 정착 지원금을 지급한다고 유혹하면, 해당 설계사는 이직을 생각할 가능성이 높아지기 때문이다.

이런 와중에 AIA생명이 AIA프리미어파트너스라는 사명으로 GA 시장에 진출했다. 정착 지원금은 직전 연봉의 최대 150%, 관리자급은 직전 연봉의 최대 200%를 지원한다고 나섰다. 경쟁 GA의 정착 지원금은 설계사가 30% 내외, 관리자가 50% 내외였다. 즉, 엄청난 정착 지원금을 지급한다며 설계사들을 유혹한 것이다.

AIA생명은 500억 원을 정착 지원금으로 풀 것이라며 시장에 경고 아닌 경고도 했다. 준비한 500억 원을 다 사용하기 전에 이직을 희망하는 설계사는 빨리 결정하라는 뜻이다. 다만 AIA프리미어파트너스는 정착 지원금 환수 기간을 최대 5년으로 설정했다. 즉, AIA로 이동한 후 5년간 다른 GA로 이직할 수 없다는 의미다. 통상의 GA는 2~3년 정도 환수 기간을 둔다. 요컨대 정착 지원금은 파격적일 정도로 매력적이지만, 환수 기간은 통상의 GA보다 2배 정도 길어 부담이 된다.

AIA프리미어파트너스가 시장에 정착 지원금 규모를 알리자 GA업계는 발칵 뒤집혔다. 안 그래도 정착 지원금이 보험 영업 시장에 큰 도움이 되지 않는다는 의견이 나오던 시기였다. 정착 지원금이 계속 높아질 수만은 없다는 볼멘소리도 나왔다.

결국 한국보험대리점협회(GA협회)의 협회장이 나섰다. 현재

GA협회장은 18, 19, 20대 국회의원을 역임한 3선 의원이다. 기존 GA협회장은 금융감독원 국장, 실장 퇴직자가 역임하는 것이 관례였다.

GA의 영향력이 커지자 GA협회장도 위상이 격상했다. 통상 3선 의원은 장관급과 비슷한 위치로 대우하는 게 업계 관례다. GA협회장이 직접 대형 GA를 방문했다. GA협회 회원사인 인카금융서비스, 에이플러스에셋 등을 방문한 것은 당연한 일이다. 여기에 GA협회 회원사가 아닌 한화생명금융서비스도 방문했다. 이를 통해 정착 지원금을 일정 수준 이상 올리지 말자는 의견을 모은 동시에 업계의 참여를 독려했다.

GA협회 회원사들은 환영했다. 안 그래도 정착 지원금이 갈수록 높아져 부담이 커지고 있는 상황이었기 때문이다. 정착 지원금을 많이 지급할수록 설계사를 증원할 때 초기 발생 비용이 많아진다. GA에게는 부담일 수밖에 없다. GA협회 회원사의 의견을 통일한 후 GA협회장은 한화생명금융서비스의 참여를 독려했다. 그러나 초기에는 참여를 완강히 거절했다.

한화생명금융서비스는 2021년 4월 한화생명의 전속 영업 조직 약 2만 명이 물적분할을 하면서 출범한 GA다. 출범 즉시 GA 업계의 공룡, 즉 가장 큰 설계사 조직을 보유한 GA가 되었다. 이후 2023년 초에는 설계사 4,000명 규모의 피플라이프도 인수했다.

모기업인 한화생명은 GA와 비교할 수 없을 정도로 자본이 많다. 정착 지원금으로 규모를 늘리겠다고 마음먹는다면 AIA프리미어파트너스와는 비교도 되지 않을 정도로 공격적으로 나갈 수 있다. 다시 말해 한화생명금융서비스는 정착 지원금을 일정 수준으로 동결하자는 협정에 참여할 필요가 없다. 대형 GA가 자율 협정을 통해 정착 지원금을 동결하면, 한화생명금융서비스는 이를 틈타 더 많은 정착 지원금을 지원하겠다며 설계사 증원에 힘쓰면 된다.

이에 대형 GA들이 의견을 모았다. 한화생명금융서비스가 정착 지원금 자율 협정에 참여하지 않는다면 향후 한화생명 상품 판매를 중단하겠다고 으름장을 놓았다. 이 으름장이 문제를 해결했다. 한화생명이 자회사인 한화생명금융서비스를 압박했고, 결국 한화생명금융서비스도 정착 지원금 자율 협정에 참여했다.

GA협회장을 위시로 대형 GA 대표들이 한화생명 상품을 보이콧하겠다며 으름장을 놓았고, 한화생명이 위축됐다. 결국 대형 GA 모두 정착 지원금 자율 협정에 참여하게 되었다. 이를 통해 GA의 위상이 과거와 달리 매우 높아졌음을 확인할 수 있다.

과거 GA는 점조직 형태였기에 공통된 목소리를 내지 못했다. 판매에만 급급하다는 비판도 적지 않았다. 하지만 최근 대형 GA의 모습은 다르다. GA협회를 중심으로 통일된 의견을 시장에 표출한다. 또, 불완전판매 비율도 GA가 보험사보다 더 우수한 수준이다.

보험 상품은 대부분 비슷하다. 보험은 통계를 근간으로 만들기 때문이다. 같은 한국 내에서 영업하는 보험사끼리 통계가 크게 차이 날 리가 없다. 한화생명과 삼성생명, 교보생명 상품이 크게 다르지 않은 이유다.

GA는 여러 보험사 상품을 비교해서 판매한다. 한화생명 상품을 판매하지 않아도 GA에게는 큰 타격이 없다. 반대로 한화생명은 GA가 상품을 판매하지 않으면 실적이 대폭 악화된다. 비록 약 2만 5,000명 규모의 자회사형 GA를 가지고 있다 하더라도 판매량에서 큰 차이가 날 수밖에 없다.

보험 산업의 핵심은 영업이다. 상품 판매다. 상품 판매로 들어온 돈을 잘 운용해서 수익을 내는 것이 보험사의 핵심 사업이다. 그런데 상품 판매가 줄어들면 어떻게 될까? 해당 보험사는 점차 자산 운용 규모가 줄어들 수밖에 없다.

이번에 GA협회를 위시로 대형 GA들이 한화생명금융서비스가 정착 지원금 자율 협정에 참여하지 않으면 한화생명 상품을 판매하지 않겠다고 으름장을 놓은 사례는 시사하는 바가 크다. '한화'가 불참에서 참여로 입장을 바꾼 것은 GA가 보험 판매 시장에서 헤게모니를 장악했다는 의미로 보인다.

4. MZ 잡아라… 유지 기간 긴 상품을 노린다

　2023년 2월 삼성화재에서 '내돈내삼'이라는 상품이 출시됐다. 이 상품을 보면서 가장 먼저 든 느낌은 '이상하다'였다. 보험사는 대기업이다. 자본금만 최소 300억 원이 있어야 진입이라도 할 수 있는 산업이다.

　삼성화재는 업계 1위다. 이런 대기업이 상품을 판매하는 방법은 자명하다. 우선 대중적인 상품을 만든 후 대대적인 광고를 통해 고객에게 어필한다. 보험도 마찬가지다. 누구나 가입할 수 있는 대중적인 상품을 만들어 광고한다.

　고령자·유병자 특화상품인 간편심사보험이 2017년 이후 등장하기 시작했다. 하지만 이 상품은 이전에는 판매하지 못했던 새로운 시장에 진입하기 위해서였다. 보험사는 대중이 가입할 수 있는 상품을 만들었고, 대대적인 광고를 통해 판매해 왔다.

　보험 산업 특징상 보험사는 언론이나 방송을 통해서는 이미지 광고에 집중했다. 상품이 복잡하기 때문이다. 대신 설계사들에게 상품 교육을 진행한다. 조금 다른 시각에서 보면, 언론을 통해 광고비를 집행하는 것이나 설계사에게 상품 교육을 진행하는 것이나 비슷하다. 둘 다 상품 판매를 위한 비용일 뿐이다. 아무튼 보험사들은 대중적인 상품을 만들어 판매해 왔다.

　그런데 삼성화재의 '내돈내삼'은 가입 가능 연령을 30대로 한

정했다. 대신 30대만 누릴 수 있는 혜택을 늘렸다. 30대는 큰 병에 걸릴 확률이 높지 않다. 건강하다는 뜻이다. 이에 보장금액을 높일 수 있는 반면 보험료는 줄일 수 있다. 보험 상품은 통계를 근거로 만들어진다. 30대가 건강하니 보험료가 비쌀 필요도 없다. 또한 핵심 담보에만 집중했다. 과거 성별을 나눠서 여성 특화보험이 나온 적은 있다. 그러나 이처럼 연령을 세분화해 30대만 가입할 수 있도록 한 상품은 없었다.

삼성화재 '내돈내삼'이 좋은 반응을 얻자 KB손보는 'KB 5.10.10(오텐텐) 플러스 건강보험'을 출시했다. 이 상품은 삼성화재처럼 가입연령을 제한하지는 않았다. 하지만 건강할수록 보험료가 대폭 낮아지도록 설계했다. 다시 말해 20대와 30대를 타깃으로 만든 상품이다.

오텐텐 플러스 건강보험 이전 상품은 고지의무(가입 전 알릴 의무)를 5년까지만 봤다. 그러나 KB손보는 △5년 이내 수술, 입원 이력 및 질병 진단 여부, △최근 6~10년간 입원 및 수술 여부, △암·심근경색·뇌졸중 등 3대 질병에 대한 추가 고지를 통해 구분한다. 더불어 '무사고 계약전환제도'를 운영해 무사고 시 매년 더 저렴한 상품으로 최대 5회까지 전환할 수 있다.

지금까지 보험 상품은 과거 5년까지만 어떤 질병에 걸렸었는지 등의 건강상태를 확인했다. 그러나 오텐텐 플러스 건강보험은 최대 10년까지를 본다. 과거 10년 동안 수술이나 입원 등을 하지 않았다면 보험료가 최대 30%가량 저렴해진다. 건강할수록 보험료가 대폭 낮아지는 셈이다. 결국 이 상품은 젊은 층에게 판매하려고 개발했다는 게 업계 관계자들의 해석이다.

삼성화재와 KB손보가 이처럼 연령에 맞춘 상품을 내놓자 경쟁사들도 비슷한 상품을 쏟아 냈다. 현대해상은 6월 '굿앤굿2030 종합보험'을 출시했다. 이처럼 보험사들은 특정 연령을 구분, 판매하는 전략을 쓰고 있다.

그렇다면 왜 대기업인 보험사들이 가입자를 구분하는 전략으로 보험 상품을 만들까? 회계 제도를 확인하면 답을 찾을 수 있다. 바로 올해부터 적용된 새 국제회계기준(IFRS17) 때문이다. 지난해까지 적용된 IFRS4는 현금주의 방식으로 회계를 처리했다. 쉽게 말해 들어온 돈과 나간 돈을 따져 들어온 돈이 더 많으면 이익이 커지고 나간 돈이 더 많으면 손실이 커지는 회계 방식이다.

현금주의 회계에서는 들어오는 돈인 수입보험료 규모가 클수록 유리하다. 들어오는 돈, 수입보험료가 많아야 그만큼 큰 이익을 낼 가능성이 커지기 때문이다. 어차피 보험사 입장에서 나가는 돈은 거의 통제가 불가능하다. 나가는 돈은 여러 가지가 있겠지만, 그 중에서 가장 큰 규모를 차지하는 것은 보험금이기 때문이다. 보험 사고를 대비하려고 보험에 가입했는데, 보험금을 지급하지 않을 수는 없다. 이에 과거 보험사는 보험료 규모가 큰 상품을 판매하기 위해 노력했다.

특히 2017년 이후 등장한 유병자·고령자 시장에 거의 모든 보험사가 주목했다. 과거에는 통계 부족으로 유병자·고령자는 보험에 가입하기 힘들었다. 리스크가 어느 정도일지 몰라 보험사들이 가입을 통제했다. 하지만 통계가 쌓이고 상품이 만들어지자 유병자·고령자 시장이 매력적이라는 사실을 깨달았다.

우선 건강한 사람 대비 보험료는 할증할 수 있다. 같은 담보에 보험료를 더 많이 받을 수 있다. 게다가 유병자·고령자는 그간 보험에 가입하고 싶어도 할 수 없었다. 이에 보험 가입 필요성을 더 느낀다. 즉, 설계사가 상품 가입을 권할 때 건강한 사람보다 쉽게 설득된다는 이점이 있다.

보험사 입장에서도 나쁘지 않다. 유병자·고령자 보험은 통상 간편심사보험으로 불린다. 이 상품의 보험료는 일반적인 상품보다 통상 30% 이상 비싸다. 일부 담보는 300% 이상 비싼 것도 있다고 알려져 있다. 즉, 보험료를 더 받을 수 있다는 장점이 있다.

아울러 근시안적인 경영도 한몫했다. 우리나라 보험사 중 오너 중심의 보험사는 교보생명 한 곳뿐이다. 나머지는 모두 전문경영인 체제다. 전문경영인은 본인이 경영할 때 실적이 좋아져야 한다. 보험 상품 특성상 가입 즉시 보험 사고가 터지지 않는다. 가입 후 3년에서 5년은 지나야 조금씩 손해율이 높아진다.

다시 말해 상품 판매 초기에는 이익만 발생하고(수입보험료 증가) 시간이 지날수록 지급보험금이 커지는 구조다. 이에 보험료 규모가 큰 상품을 많이 판매할수록 이익이 커진다. 때문에 저축성보험을 단기에 판매하기도 했고, 앞서 언급한 것처럼 보험료 규모를 키울 수 있는 간편심사보험에 집중하기도 했다.

그러나 IFRS17은 발생주의 회계다. 단순히 들어온 돈과 나간 돈을 따지는 것이 아니다. 실제 발생했거나 발생할 수입보험료와 지급보험금을 시나리오 방식으로 산출한다. IFRS17 도입으로 저축성보험 판매가 위축됐다는 얘기가 많다.

가령 10만 원짜리 저축보험에 10년 만기로 가입했다고 치자. 가입 후 1년이 지난 시점에 IFRS4 현금주의로 보면 120만 원 이익이다. 지급한 돈은 없고 120만 원의 수입보험료가 생겼기 때문이다. 그러나 발생주의 회계에서는 월 10만 원짜리 10년납 보험에 가입하자마자 보험사 부채가 최소 1,200만 원(월납 10만 원×10년)이 잡힌다. 어차피 보험료 원금 이상을 지급해야 하기 때문이다. 회계 방식이 송두리째 변경된 것이다.

IFRS17에서 더 중요해진 것은 보험료가 아닌 유지율이다. 보험사는 보험료를 받아 장기간 운용한다. 이 자산운용으로 돈을 번다. 그런데 고령자가 가입하는 간편심사보험은 유지 기간이 상대적으로 짧다.

60세에 가입했다면 길어 봐야 30년쯤 유지할 수 있다. 그러나 2030보험은 다르다. 2030에 초점을 맞춘 상품을 판매하면 보험사가 길게는 60년 이상 자산운용을 할 수 있다. 이 자산운용 이익도 보험사 이익에 포함된다. 때문에 보험사는 단지 보험료 규모가 커지는 것보다 얼마나 유지하고, 또 유지 기간이 어느 정도인지를 먼저 따져야 한다.

최적의 상품은 어린이보험이다. 이 때문에 IFRS17을 준비하면서 어린이보험 가입 나이가 15세에서 35세까지 높아졌던 것이다. 하지만 금융당국이 어린이보험 가입 나이를 다시 15세로 돌려놨기 때문에 보험사는 2030을 잡기 위해 노력할 수밖에 없다. 건당 보험료 규모는 간편심사보험 대비 상대적으로 적지만, 보험을 판매해 들어오는 수입보험료를 장기간 운용할 수 있다. 결국 2030 등 건강한 젊은 세대를 잡기 위한 상품 개발은 본격화될 수밖에 없다. 보험사 입장에서 이익을 극대화하는 방법 중 하나이기 때문이다.

5. 보험사 인수 후 어떤 시너지를 낼 것인가

우리나라 보험 산업은 이미 성숙 시장을 넘어 역성장과 과도한 경쟁으로 장기적인 수익 창출이 불투명해 보인다. 이에 한국 보험 산업에서 M&A 등 시장 재편 움직임은 자연스러운 현상이다. 경영에 실패한 보험사는 시장에서 퇴출되고 경쟁력 있는 회사를 중심으로 재편되어야 보험 산업의 자본효율성이 높아질 것이다.

2023년에는 보험사 매물이 많이 나왔다. 그러나 매물로 거론된 보험사 중 단 한 곳도 새로운 주인을 찾지 못했다. 2024년에는 매물 중 일부가 매각될 가능성이 높다. 어떤 보험사가 새로운 주인을 맞을지 짚어 보면서 보험사의 향후 성장전략도 예측해 본다.

KDB생명은 수년 전부터 매각을 시도했던 보험사다. 이미 4차례 매각을 시도했고, 성공하지 못했다. 이번이 5번째 매각 시도다. 5번째에는 매각될 수 있다고 보는 시각이 많았다. 특히 하나금융지주가 우선협상대상자로 선정된 후 정말로 매각되는 것이 아니냐는 시각이 커졌다.

그러나 보험 시장을 제대로 분석하고 있는 전문가는 처음부터 하나금융지주라고 해도 KDB생명을 인수하지는 않을 것이라며 부정적으로 바라봤다. 하나금융지주는 이미 하나생명·하나손보 등 보험사를 보유하고 있다. 즉, 단순히 종합보험사 라이선스 확보를 위해 KDB생명을 인수할 필요는 없는 것이다.

단순히 라이선스 확보가 목적이 아니라면 인수 후 하나금융지주와 어떤 시너지가 있을지를 확인해 봐야 한다. 즉, 인수한 후 정말 돈을 벌 수 있는지를 살펴봐야 한다. 그런 측면에서 KDB생명을 분석하자.

우선 영업에서 핵심은 전속설계사 조직이다. KDB생명의 전속설계사 조직 규모는 1,000여 명에 불과하다. 그나마도 소속 설계사의 평균연령이 50대 이상으로 노후화되었다고 알려졌다. 다시 말해 영업 조직 규모도 작고 공격적인 영업도 하지 않는다는 의미이다. 결국 하나금융지주가 KDB생명을 인수한다고 해도 당장 영업이 활성화될 수는 없다는 분석이다.

영업에서 시너지가 나지 않는다면 자산을 살펴봐야 한다. 자산 포트폴리오가 매력적이라면 인수할 수도 있다. 과거 신한금융지주가 오렌지라이프(ING생명)를 인수했던 가장 큰 이유도 자산이었다. IFRS17을 준비하기 위해 신한생명에 대규모 증자를 해야 하는데, 자본을 조금 더 투입해 오렌지라이프를 인수하면 영업 조직까지 키우는 일석이조의 효과를 얻을 수 있었다.

KDB생명의 자산 포트폴리오는 매력적일까? 결론부터 말하면 전혀 그렇지 않다. 하나금융지주는 2023년 8월부터 KDB생명 실사에 돌입했다. 통상 실사는 1개월 이내에 마무리된다. 그러나 1개월이 한참 지난 후에도 결론이 나지 않았다. 이를 두고 업계에서는 인수 거절 논리를 찾기 위해서라는 시각이 많았다.

하나금융지주가 KDB생명 인수 참여 의향을 밝혔을 때만 해도 인수금액 약 2,000억 원을 포함해, KDB생명 정상화를 위해 투입할 자본 규모가 7,000억 원 정도라고 예상했다. 즉, 1조 원 정도면 총자산 약 17조 원의 보험사를 인수할 수 있는 것이다.

그러나 KDB생명 실사를 하면서 내부 사정을 분석할수록 비용이 불어났다는 게 업계 관계자들의 이야기다. 최대 2조 원 이상 추가 비용이 발생할 수 있다는 것이다. 이에 인수에 부정적인 입장이 강해졌다.

이유는 2023년에 도입한 회계 제도에서 찾아볼 수 있다. KDB생명의 재무 건전성인 K-ICS비율은 101.7%다. 이는 금융감독원의 기준치 100%를 소폭 상회하는 수준이다. 금융감독원은 150% 초과를 권고한다. 그러나 101.7%는 경과조치를 적용했을 때 수치다. 경과조치를 적용하지 않으면 47.7%다.

당장 금융감독원이 경영개선명령 조치를 내릴 수 있는 수준이다. 경과조치는 신제도인 IFRS17 도입의 충격을 완화하기 위해 점진적으로 제도를 도입해도 된다는 일종의 당근을 준 셈이다. 하지만 경과조치의 최대 적용 기간은 10년이다. 이 기간 내에 보험사를 정상화해야 한다. 경과조치를 신청하지 않는 것을 감안하면 예상보다 훨씬 더 많은 자본이 투입되어야 KDB생명이 정상화될 것이라는 분석이 나왔던 것으로 알려졌다.

금융당국이 향후 새로운 보험사에 신규 라이선스를 주지 않을 것이라는 입장은 업계에 알려진 공공연한 비밀이다. 하나금융지주 입장에서 이미 하나생명이라는 보험사를 통해 라이선스를 확보하고 있다. 다시 말해 KDB생명 인수는 라이선스 확보가 목적이 아니라는 의미이다.

그런데 전속 영업 조직 규모가 1,000여 명에 불과해 인수 즉시 영업 활성화를 기대할 수도 없다. 여기에 투입되는 비용이 2조 원이 넘는다는 계산이다. 다만 2조 원을 투입한다고 해도 금융당국이 권고하는 건전성 비율 150%를 넘는 것이 아니라, 100%를 겨우 충족하는 수준으로 알려졌다.

결국 하나금융지주는 KDB생명 인수에서 발을 뺐다. 인수 및 인수 이후 투입되는 자본의 효율성이 낮다고 판단했다는 게 전문가들 의견이다. 또한 보험사가 매물로 나와서 흥행에 성공하려면 영업이 즉각 활성화될 수 있도록 일정 규모 이상의 전속설계사 조직을 갖췄거나 보험사의 자산 포트폴리오 및 건전성이 우수해야 한다는 해석이다.

짧게 MG손보 사례를 살펴봐도 이와 비슷하다. MG손보도 KDB생명과 비슷하게 수년 전부터 잠재적 매물로 거론돼 왔다. 2022년 1월에는 금융위원회로부터 경영개선명령을 받았다. 당시 지급여력비율(RBC)이 100% 이했하였기 때문이다.

금융위는 유상증자, 후순위채 발행 등을 통해 자본을 확충하라고 요구하면서, 같은 해 3월 말까지 자본 확충 계획을 완료하라고 통보했다. 그러나 MG손보는 이행하지 못했다. 결국 같은 해 4월 금융위는 MG손보를 부실 금융기관으로 지정했다. MG손보의 대주주인 JC파트너스가 법적 대응을 하는 등 맞섰지만, 시장의 분위기는 이미 기울었다.

MG손보는 사실상 시장에 매물로 나온 셈이다. 하지만 관심을 기울이는 자본은 현재까지 없는 분위기다. KDB생명과 비슷한 이유다. MG손보를 인수한다고 해서 영업력이 강화되지도 않으며 자본에 긍정적인 영향을 미치기도 쉽지 않기 때문이다. 일각에서는 MG손보가 결국 청산 과정을 거칠 수도 있다고 조심스럽게 예측하기도 한다.

또 다른 매물은 ABL생명이다. ABL생명의 건전성이나 영업력은 KDB생명보다 한 단계 위다. 그러나 매력적이라는 평가를 받지는 못한다. 다만 ABL생명은 매각 가능성이 높다. ABL생명을 인수하면 동양생명도 동시에 인수하게 될 가능성이 높다는 관측이다. 이유는 ABL생명과 동양생명 모두 중국 다자보험그룹의 형제이기 때문이다. 다자보험그룹은 사실상 중국 금융당국이 설립한 회사다.

우선 시장에 먼저 매물로 등장한 곳은 ABL생명이다. 2023년 4분기 초 현재까지 동양생명이 매물로 나왔다는 소식은 없다. 그러나 저우궈단 동양생명 대표의 움직임이 심상치 않다. ABL생명이 매물로 거론되고 사모펀드 이외의 인수 후보자가 나타났다는 소식에 저우궈단 대표가 중국을 방문했다.

사실 이런 일들은 극비리에 진행되기 때문에 저우궈단 대표가 중국에서 어떤 보고를 했는지 알 수는 없다. 다만 추측하기에 저우궈단 대표의 가장 큰 임무는 동양생명의 장기적 성장이 아닌 매각이며, 가능하다면 ABL생명과 동시 매각도 고려하고 있을 것이다. 이를 통해 매각가를 극대화하면 된다. 동양생명은 2023년 말에 대

규모 희망퇴직 등 조직개편도 예상되고 있다.

만약 시장의 예상대로 ABL생명과 동양생명이 패키지로 매물로 나올 경우 매각 가능성이 매우 높다. 매각 가능성이 높다고 평가받는 이유는 영업 조직이 탄탄하며, 자산도 좋기 때문이다.

동양생명은 약 2,000명의 전속설계사를 보유하고 있다. 이들의 생산성과 로열티는 업계 평균을 상회하는 것으로 알려졌다. 또한 동양생명은 지속적으로 무리한 영업을 진행하지 않았으며, 방카슈랑스(은행에서 보험 판매), 텔레마케팅, 대면 채널 비중이 적절히 분배되어 있다. 즉, 지나치게 저축성보험에 치중하거나 특정 연령과 기간에 집중한 상품이 많지 않다는 의미다.

2024년 다자보험그룹의 두 형제 보험사가 패키지로 나온다면 일시에 시장에 영향력을 행사하길 원하는 금융지주가 눈독을 들일 것이다. 대표적인 곳은 하나금융지주, 우리금융지주다. 그중에서도 하나금융지주가 더 유력해 보인다. 다만 하나금융지주가 인수하려면 그 전에 KDB생명 인수를 포기해야 한다.

롯데손보를 살펴보자. 롯데손보는 올해 매각 가능성이 가장 높은 보험사다. 퇴직연금 비중이 높다는 것이 거의 유일한 단점이다. 수익성 높은 장기 보장성보험 판매 비중을 지속적으로 높인 것도 매력적이며, 전속설계사 조직을 꾸준히 키운 점도 의미가 크다.

이미 사모펀드에서 경영했기 때문에 손해보험이 약한 금융지주에서 인수할 가능성이 크다. 하나금융지주, 우리금융지주, 신한

금융지주 등이다. 가격만 맞는다면 금융지주사를 꿈꾸는 교보생명이 인수할 가능성도 있다. 어느 곳으로 가든 롯데손보는 중견 손보사로 제 역할을 할 것이다. 인수하는 곳의 자본 여력이 커서 롯데손보에 자본까지 더 투입한다면 시너지가 날 가능성도 높다.

02
보험 상품 트렌드

정성훈

들어가며

저출산·고령화시대, 보험업계는 생존 전략이 필요하다

인구 절벽이 눈앞으로 성큼 다가오고 있다. 저출산·고령화는 산업계 전반에 엄청난 영향을 미치고 있고, 앞으로 더욱 그럴 것이다. 보험업계에 미치는 영향도 클 것이라 대책 마련이 시급하다.

2023년 8월 통계청이 발표한 '2022년 출생 통계'에 따르면 출생아 수가 24만 9,000명으로 전년도 대비 1만 명 이상 감소했다. 출생아 수가 25만 명 밑으로 떨어진 건 통계 작성이 시작된 1970년 이후 처음이다. 우리나라 합계 출산율은 올해 2분기 기준 0.7명이다. OECD 회원국 중 합계 출산율이 1명 아래인 나라는 한국이 유일하다.

그러면 인구 감소와 보험 사이에는 어떤 관계가 있을까?

먼저 보험 수요 감소는 쉽게 예상할 수 있다. 인구 감소로 보험에 새로 가입할 사람이 줄어들 뿐만 아니라 사망과 해약 등으로 기존 가입자 수도 줄어들기 때문이다. 이미 독일, 체코 등 생산가능인구가 감소한 국가에서 생산가능인구와 수입보험료 간 양의 상관관계가 나타난 바 있다. 여기에 고령화는 보험금 지급액을 증가시켜 보험사 부담도 가중시킨다.

단기적으로는 상속 동기가 매우 낮아져 정기·종신보험 가입이 감소하고, 노후를 스스로 준비해야 하는 연금보험 수요는 늘어날 것이다. 그래서 현재 종신보험 시장은 단순한 사망보장보다 보장과 저축, 두 마리 토끼를 한 번에 잡는 상품이 주를 이루고 있다.

장기적으로는 노동인구 자체가 줄어들기 때문에 어떤 보험이건 판매에 악영향을 미칠 수밖에 없다. 이런 암울한 상황을 우리보다 앞서 경험한 나라가 있다. 1994년 이미 고령사회에 진입했고, 2008년부터 인구가 감소한 가깝고도 먼 나라 일본이다. 일본은 국내 보험업계에서 벤치마킹해야 할 사례로 자주 언급되어 왔다.

2018년 보험연구원이 발표한 '인구 고령화와 일본 보험 산업 변화' 보고서는 일본을 이정표 삼아 방향을 검토하자는 취지로 만들어졌다. 보고서에 따르면, 일찍이 인구구조 변화를 경험한 일본 보험 산업은 △소비자 니즈에 부합하는 상품 공급, △수익률이 증가하는 자산운용 전략 실행, △경영 효율화 및 비용 절감과 해외 진출, △연금 시장, 의료 및 간호보험 시장 공략, △보험사 중장기 계획 수립 등의 방식으로 저출산과 인구 고령화에 대응해 왔다.

눈여겨볼 부분은 5년 전 일본 보험 산업의 과제들이 현재 국내 보험사들이 추구하는 방향과 일치한다는 점이다. 당시 연구보고서는 향후 일본 보험 산업에서 중요시될 것으로 예상되는 과제를 △초고령사회 대응, △인슈어테크 활용 강화 및 상품 포트폴리오 개편, △M&A 및 해외 진출 등으로 꼽았다.

이를 토대로 우리나라 보험사들이 준비해야 하는 일을 정리해 보면 다음과 같다.

첫째, 포트폴리오 재정비다. 고령자 니즈를 반영한 연금보험 상품을 개발하고, 장수 위험에 대비해야 한다. 출산율 저하에 따라 장기적으로는 가족 단위 수요가 줄어들고,

주요 타깃 상품군이 달라질 수 있다. 그래서 상품 포트폴리오와 전략을 조정하고, 관련 마케팅 활동을 늘리는 등의 대책을 마련해야 한다.

둘째, 인슈어테크다. 보험과 기술의 합성어로 상품 개발부터 고객관리 등 보험 업무 전반에 이르기까지 정보기술(IT)을 적용한 혁신 서비스다. 보험연구원에 따르면 인슈어테크에 대한 투자는 2014년 10억 달러(약 1조 3,000억 원) 미만에서 2021년 174억 달러(약 23조 원)를 넘길 만큼 급격히 증가했다. 국내 보험사들도 인공지능을 도입해 보험금 심사 과정을 줄이기도 하고, 스마트폰 앱을 통해 가입자에게 맞춤형 헬스케어 서비스를 제공하는 등 인슈어테크 적용에 집중하고 있다.

셋째, 글로벌 시장 확대도 미래 먹거리로 꼽힌다. 이미 포화 상태인 내수에서 벗어나 해외로 영토를 확장해야 한다. 특히 베트남, 인도네시아 등 동남아 보험 신흥국들은 보험 침투율이 낮고 성장 잠재력이 커서 블루 오션으로 여겨진다. 이에 따라 국내 보험사들은 해외 시장 진출에 속도를 내고 있다.

H생명은 최근 H손보와 함께 인도네시아 PT리포 손해

보험 지분 62.6%를 인수했다. 2005년 설립한 베트남 법인은 설립 15년 만에 누적 손익 흑자를 달성하기도 했다. S라이프는 지난해 베트남 법인을 설립해 영업을 개시했다. D손보는 최근 베트남 9위 손보사인 BSH손해보험 지분 75%를 인수하는 계약을 체결했다.

다만 일각에서는 국내 보험사의 해외 진출 속도가 더디다는 의견도 있다. 2022년 말 기준 생명보험사 4곳, 손해보험사 7곳이 11개국에서 해외 점포를 운영 중이다. 하지만 순이익은 1,582억 원으로 전체 순익에 비해 미미한 수준이다. 일본 대형 보험사의 해외 사업 이익 비중이 20%를 넘는 것과 대비된다.

출산율 저하 속도가 예기치 못할 정도로 빠른 만큼, 이것만으로는 국내 보험사들의 인구 절벽에 대한 대비가 부족해 보인다. 더 적극적인 도전과 체계적인 계획 수립이 필요하다. 일본을 비롯한 해외 사례를 통해 답을 찾으려고 하지만, 국내 출산율 저하가 유례없는 상황인 만큼 우리나라 현실에 맞는 전략 또한 필요할 것이다.

저출산·고령화시대, 보험업계의 생존 전략은 이제부터 시작이다.

1부

2023년 돌아보기
: 정부 정책에 의한
보험 상품 개편

1. 청년 도약을 위한 보험권 최초의 상품

　금융당국의 요청에 따라 은행권이 '청년 도약 계좌'를 선보인 후 보험업계에서도 최초의 상생 금융 상품이 출시되었다. H생명에서 출시한 이 상품은 결혼·출산·경제적 자립을 앞둔 2030세대 청년들을 대상으로 한 목돈 마련 목적의 저축보험이다. 만 19~39세, 총급여액 7,000만 원 이하, 종합소득금액 6,000만 원 이하면 누구나 가입할 수 있다. 계약자와 보험 대상자는 동일인이어야 한다. 5년간 연 5% 확정금리를 제공하는 상품으로 월 보험료는 10~50만 원까지 가능하다. 추가 납입을 통해 매월 최대 75만 원까지 납입할 수도 있다.

여기에 결혼을 앞둔 청년이나 자녀 계획이 있는 신혼부부들에게 더 많은 혜택을 준다. 보험 가입 후 결혼 시 0.5%, 자녀 1인 출산 시 0.5%, 추가로 자녀 1인 출산 시 1% 등 최대 2%의 보너스를 지급한다. 이는 보험기간 중 결혼이나 출산을 한 경우에만 해당되며 만기 시점에 이미 납입한 보험료 전체에 대해 보너스를 지급한다. 취약계층을 위한 보험료 할인 혜택도 있다. 관련 법에서 정한 장애인, 저소득 한부모가정, 차상위 다문화가정인 경우 '상생 할인'을 적용해 월 보험료의 1%(최대 5,000원)를 할인해 준다.

또한 가입 후 1개월이 지나면, 중도에 해지하더라도 원금을 보장한다. 5년 만기 시점의 환급률은 110% 내외 수준으로, 최대 가입금액인 월 보험료 75만 원 납입 시 약 5,000만 원의 목돈을 마련할 수 있다. 중도 인출, 납입 일시 중지 기능도 탑재되었다. 가입 1개월 후에는 해약환급금의 70% 범위 내에서 연 12회 중도 인출이 가능하고, 보험료 납입 여력이 없어 유지에 어려움이 생기면 일시 중지를 이용해 해지를 방지할 수 있다.

사망 및 재해 사고 시 보장도 포함돼 있다. 보험기간 중 사망하면 사망 당시 계약자적립금에 월 보험료에 해당하는 금액을 더해 사망보험금을 지급한다. 재해 장해 시에는 최대 1,000만 원 x 장해 지급률에 해당하는 금액을 보장한다.

상생 금융 상품을 바라보는 시선은 엇갈린다. 연 5% 확정금리를 앞세운 만큼 가입이 몰릴 것이라는 시각과 보험 판매 주체인 설계사에게 돌아가는 판매 수수료가 사실상 없어 실적이 저조할 것이라는 전망이 공존한다.

실제로 판매를 시작한 후 일주일간 대면 채널을 통해 들어온 보험료는 1,946만 원으로 2,000만 원을 넘기지 못했다. 업계에서는 저축보험 특성상 보험료 단위가 클 수밖에 없는데, 사실상 흥행에 실패한 것으로 판단하고 있다. 상생 금융 상품은 수익성을 바라보고 출시한 상품이 아니며, 고금리 확정형 상품이라 역마진이 발생할 수도 있다. 회사가 적극적으로 상품을 판매할 유인이 없다는 분석이 제기되었고, 이 같은 예상은 적중했다.

상품 출시 행사에 금감원장이 참석해 "H생명의 상생에 대한 고민과 노력이 금융권 전반으로 확산돼야 한다."라고 의미를 부여했지만, 정작 가입 접근성은 좋다고 볼 수 없다. 디딤돌 저축보험은 현재 대면 채널을 통해서만 판매되고 있다. 비대면을 선호하는 2030세대의 수요와는 다소 동떨어진 판매 방식이 흥행에 부정적 영향을 미치고 있다는 게 공통된 시각이다. 그래서 차후에는 다이렉트 가입 채널인 '온슈어'를 통해 가입을 받아 신규 유입을 늘린다는 계획이다.

다만 상품 흥행 여부와는 별개로 H생명이 출시한 저축보험이 실리는 챙겼다는 분석도 있다. 최근 금융당국이 보험사에 상생 금융을 요구하고 있지만, 상품을 직접 출시한 건 이 회사가 유일하기 때문이다. 또, 판매가 활성화되어 상품에 가입하려는 고객이 늘어나면 보험 가입률이 높지 않은 2030 잠재고객 DB를 확보할 수 있다는 장점도 있다. 이후 고객 DB를 통한 업셀링(Upselling·상품 추가 권유)도 가능한 셈이다. 짧은 기간의 실적만으로 흥행 여부를 판단하기는 어렵지만, 상생 금융 상품의 특성을 감안해 과도한 마케팅에 나서지는 않을 것 같다.

상부상조는 서로 돕는다는 뜻이다. 우리 조상들은 이를 미덕으로 삼았다. 조선시대의 두레와 품앗이 등이 그렇다. 보험도 같은 맥락인 '환난상휼'의 정신을 근간으로 한다. 매달 많은 사람이 일정한 보험료를 내고 재앙을 당했을 때 지불액 이상의 보험금을 지급받는 구조다. 요즘 보험사들의 고민거리 가운데 하나가 '상생'이다.

각 보험사들은 취약층을 위한 특별보험 상품, 이른바 '상생 보험' 출시에 대한 압박감을 느끼고 있다. 금융당국이 보험사들에 '상생 금융'을 주문했기 때문이다. 올 상반기 보험사들이 역대급 실적을 낸 만큼 경제위기 극복을 위해 사회 환원에 동참하라는 취지다.

대다수 보험사가 경쟁사들의 동향을 살피며 눈치만 보고 있다. 은행 예적금과 달리 보험은 장기 운용 상품으로 초저금리 환원 시 건전성과 실익 등을 고려하지 않을 수 없다. 하지만 옛말에 '핑계 없는 무덤은 없다'고 했다. 각 회사의 사정을 감안하더라도 보험의 본질을 잊어서는 안 된다. 고객의 미래 위험을 보장하는 대신 보험료로 수익을 내며 상부상조해 온 만큼 자발적으로 기업의 사회적 책무를 다해야 한다.

무엇보다 금융당국은 진정한 상생 금융의 길을 모색해야 한다. 보험업의 특성이나 실정을 고려하지 않은 톱다운(Top-down) 방식은 상생 취지에 걸맞지 않다. 금융당국과 보험사들이 번지르르한 껍데기는 내던지고 실속 있는 '상생 금융'에 나서길 기대해 본다.

2. 여행자보험은 플랫폼이 승자가 될 수 있을까?

코로나19로 억눌렸던 해외여행 수요가 급증하자 보험사 간 상품 경쟁도 치열해졌다. 해외여행객의 눈길을 끌기 위해 이색 특약과 여행 목적에 맞는 특약 추천 서비스까지 제공하고 있다. 본격적인 휴가철로 접어들면서는 다양한 여행자보험을 내세워 소비자 잡기에 나섰다. 각 보험사는 특색 있는 상품으로 치열한 경쟁을 벌이고 있는 중이다.

그중에서도 K페이손해보험(이하 K손보)의 해외여행자보험 가입자가 한 달 만에 6만 명에 육박한 것으로 집계됐다. 지난해 설립한 '후발 주자' K손보가 대형 보험사들과의 판매 경쟁에서 밀리지 않고 어깨를 나란히 한 것이다. 한때 매각설까지 돌았던 회사의 잠재력이 여행자보험을 계기로 발현됐다는 해석도 나온다.

지난 7월 초부터 8월 초까지 한 달간 K손보의 해외여행자보험에 가입한 피보험자 수는 약 5만 8,000명이다. K손보의 해외여행자보험은 지난 6월 초 출시되었다.

국내 여행자보험 판매 '톱'은 업계 1위인 S화재다. 지난 7월 해외 방문자가 가입한 여행자보험만 약 7만 2,000여 건에 달했다. 피보험자 수 기준으로는 10만 명 이상일 것으로 추정된다.

물론 K손보의 피보험자 수와 기존 보험사들의 신계약 건수를 단순 비교하기는 어렵다. 부모의 계약 건에 자녀가 피보험자로 등록되는 등의 사례가 있기 때문이다. 그럼에도 불구하고 해외여행자보험 업계 2위권 보험사들의 같은 기간 신계약 건수가 3~4만여 건이고, 피보험자 수는 5~6만여 명인 점을 감안하면 K손보의 해외여행자보험 판매 성적은 업계 2위권까지 빠르게 치고 오른 상황이라고 볼 수 있다.

K손보의 해외여행자보험 상품은 카카오톡 선물하기 기능이 적용되지 않음에도 인터넷과 모바일 네트워크에서 입소문을 탔다. 해외여행에서 사고가 나야만 보상받을 수 있는 기존 해외여행보험과 달리, 가입자 모두에게 '안전 귀국 환급금'을 제공한다. 무사히 귀국만 해도 납입한 보험료의 10%를 돌려받을 수 있는데, 이를 회

사가 부담하는 형태다.

　인기 있는 보장의 허들도 낮은 편이다. 코로나 여파로 비행기 지연과 결항이 잦아진 최근 여행 현황을 반영해 비행기가 2시간만 지연돼도 보상해 준다. 나아가 받을 수 있는 보상을 놓치지 않도록 '비행기 지연 자동 알림' 서비스도 제공한다. 편명을 입력하고 알림을 신청해 놓으면 해당 비행기가 지연되었을 때 회사가 항공사와 연동된 시스템을 통해 확인하고, 사용자에게 빠르게 지연 사실과 보험금 청구 가능 여부를 먼저 안내한다.

　연말 기준으로는 여행자보험 부문에서 1위와의 격차를 더 좁힐 수 있을 것으로 보인다. 현재 판매되고 있는 개인 대상 해외여행자보험과 함께 단체보험 판매도 준비 중이기 때문이다.

　업계는 해외여행자보험 판매 호조를 계기로 그동안 침체됐던 K손보의 영업 환경이 힘을 받게 될지 주목하고 있다. 이 회사는 지난 2022년 4월 디지털 손해보험사로 출범했다. 빅테크(IT 대기업) 최초의 디지털 손보가 등장한 것이다. 자동차보험과 장기보험 등은 상품 라인업에서 우선 배제하고 접근성이 좋은 상품 위주로 판매하겠다는 영업 전략을 수립했다.

　그러나 1년여 동안 이렇다 할 상품이나 성과가 나오지 않았고, 지난해 말 기준 324억 원의 결손금을 내기도 했다. 순식간에 업계 2위권으로 도약한 해외여행자보험 판매가 K손보 도약의 발판이 될 수 있을지 주목되는 이유다.

특별한 이슈가 없는 이상 해외여행 수요는 갈수록 증가할 것이다. 특히 지난 추석 연휴는 여행 시장의 대목이었다. 한국문화관광연구원이 관리하는 관광지식정보시스템에서 해외여행객 출국 현황을 보면 지난 상반기 해외로 여행을 간 사람은 993만 1,475명으로 지난해 상반기(134만 9,658명)와 비교해 7배 넘게 증가했다. 코로나19 종료 후 해외여행자보험 신계약이 증가했고 앞으로도 더 늘어날 것이다.

플랫폼 업체 K손보가 전통의 강자 S화재의 여행자보험을 추월할 수 있을지 향후 행보가 주목된다.

3. 굿바이, 어른이보험

35세까지였던 어린이보험 최고 가입 가능 연령이 9월부터 15세로 제한되면서 '어른이(어른+어린이)보험'으로 불리던 상품이 사라졌다. 어린이보험은 2014년 출시 당시 14세까지 가입할 수 있었지만, 나이가 30대까지 확대되면서 이른바 '어른이보험'이라 불렸다. 일반 보험 상품보다 보험료가 저렴하지만, 보장 범위가 넓어 20~30대 사이에서 가성비 좋은 보험으로 인기를 끌었다.

실제 '빅5' 손보사(S화재·D손보·H해상·M화재·K손보)의 지난해 어린이보험 원수보험료(매출)는 5조 8,256억 원으로 2018년 대비 63% 증가했다. 중소형 보험사까지 포함하면 지난해 어린이보험 시장 규모는 6조 원을 넘어설 것으로 추정된다.

그러나 금감원은 35세까지인 가입 나이와 100세 만기인 보험기간이 너무 지나치다고 지적하며, 가입 가능 연령을 최대 15세로 제한하기로 했다. 어린이에게 발생빈도가 극히 희박한 뇌졸중, 급성심근경색 같은 성인 질환 담보가 불필요하게 포함되는 등 불합리한 판매가 이루어지고 있다는 이유에서다. 소비자 오해를 방지하기 위해 16세 이상 가입이 가능한 상품에는 '어린이'와 '자녀' 같은 용어를 쓸 수 없도록 했다. 보험사들은 상품명을 변경하거나 최고 가입 가능 연령을 15세 이하로 변경해야 한다.

금융당국 지시에 따라 S화재는 태아부터 15세까지 가입할 수 있는 자녀보험 'New 마이 슈퍼스타'를 새롭게 출시했다. 그간 운영 중이던 자녀보험 '마이 슈퍼스타'는 0~30세까지 가입할 수 있었는데, 가입연령을 15세 이하로 조정한 것이다. 업계 최초 분할지급형 담보를 신설해 보험금을 매달 분할지급 받을 수 있도록 한 것이 특징이다. 이 외에도 베일리 영유아 발달 검사 지원비와 소아 성장호르몬 결핍 치료비 등 신담보 7종을 신설해 경쟁력을 키웠다.

어린이보험 시장 점유율 1위인 H해상은 '굿앤굿 어린이종합보험Q(0~22세)'와 '굿앤굿 어린이스타종합보험(0~33세)'을 판매하고 있다. 기존 22세까지 가입할 수 있었던 '굿앤굿 어린이종합보험Q'는 가입 나이를 15세 이하로 낮췄다. '굿앤굿 어린이스타종합보험'은 상품명에서 '어린이'를 삭제하기로 했다.

K손보는 현재 35세까지 가입할 수 있는 '금쪽같은 자녀보험 플러스'를 이원화해 판매하기로 했다. 기존 상품은 최고 가입 가능 연령을 15세 이하로 낮춘다. 0~35세까지 가입할 수 있는 상품명에서는 '자녀보험' 명칭을 빼고, 소수의 담보 변경도 진행했다. M화재는 현재 운영 중인 어린이보험 '내맘(Mom)같은 우리아이보험(0~20세)'의 가입연령을 15세로 낮춘다.

이렇듯 어린이보험 규제 적용으로 2030세대 보장 공백이 발생한 가운데 보험사들은 이를 겨냥한 특화보험 상품을 내놓고 있다. 가입연령을 조정하고, 세대 맞춤형 특화보험 출시 등을 통해 대응에 나서고 있다.

S화재는 30대 전용 건강보험 신상품 '내돈내삼(내 돈으로 직접 가입하는 내 건강보험)'을 출시했다. 30~40세까지만 가입할 수 있고, 선택에 따라 90세 또는 100세까지 보장받을 수 있다. 특히 60세 시점부터 △암(유사 암 제외) 진단비, △뇌혈관질환 진단비, △허혈성 심장질환 진단비, 3가지 특약에 대해 가입금액의 2배를 보상하는 체증 구조도 선보였다.

H해상은 2030세대 특화 '#굿앤굿2030종합보험'을 출시했다. 이 상품은 20~40세까지 가입할 수 있다. 선택에 따라 80, 90, 100세까지 보장받을 수 있고, 3대 질환(암, 뇌, 심장) 등 중대 질병과 같

은 핵심 보장 위주로 가입할 수 있다. 또, 업계 최초로 '항암·방사선·약물 치료 후 5대 질병 진단', '중증질환(중복 암) 산정특례 대상' 등 암 관련 새로운 보장이 탑재되었고, 남성형·여성형 종형에 따라 맞춤 가입도 가능하다.

이번 금융당국의 개선 방안에 따라 보험사들의 전략은 명확해졌다. 단일 상품 중 수요가 있던 기존 어린이보험 연령은 낮추고, 2030세대를 위한 특화보험 상품을 출시하는 등 가입 수요를 흡수하기 위한 전쟁에 돌입했다. 어떤 회사의 어떤 상품이 시장을 선점할지, 그 결과가 무척이나 궁금해진다.

4. 1년간 배타적 사용권을 받은 보험 상품을 아시나요?

S라이프는 가입자 건강상태에 따라 보험료 할인율을 차등 적용하는 '3컬러(COLOR) 3대 질병 보장보험(무배당, 갱신형)'을 출시했다. 이 상품은 복잡하고 오래 걸리는 기존 가입 절차를 획기적으로 개선했다. 특히 고객 건강 데이터를 활용해 리스크를 통제하고 고지 단계를 줄이는 기법으로 1년간의 배타적 사용권을 획득했다.

배타적 사용권은 보험 상품의 독창성, 유용성, 진보성, 노력도 등을 평가해 독점 판매 권한을 부여하는 것으로, 그 기간에 다른 보험사는 유사 상품을 판매할 수 없다. 3개월이나 6개월이 아닌 1년 사용권을 인정받은 사례는 생명보험과 손해보험을 통틀어 이 상품이 최초다.

S라이프가 일정 기간 동안 주력 판매 상품의 청약 건을 분석한 결과, 질병 심사 보완 건수는 54%에 이르며, 계속 증가하는 것으로 나타났다. 이어 질병 시스템의 자동 심사율은 30%에 불과해 질병 심사 및 보완 기간이 평균 5일 정도인 것으로 조사되었다.

무엇보다 보완을 거쳤음에도 불구하고 고지의무위반으로 보험금이 부지급된 경우가 51%에 달해 고객 불만이 늘어난 것으로 집계되었다. 회사는 이런 문제를 극복하기 위해 건강보험공단과 건강심사평가원의 건강 데이터를 활용하기로 했다. 즉, 고객의 질병 치료 이력을 가리지 않고 리스크는 통제하면서 고지를 축소하는 '보험료 결정 체계 및 언더라이팅 기법'을 개발해 이 상품에 적용한 것이다.

이 기법은 설계 전에 시스템에서 질병 이력 심사를 자동으로 진행해, 피보험자의 고지의무가 발생하지 않는 것이 특징이다. 이에 따라 가입 후 고지의무위반으로 인한 계약 해지나 보장 제한을 없앴다. 이와 함께 청약 후 추가 검진, 서류 제출, 부담보, 할증 등의 보완 절차를 생략해 질병 심사 시간을 평균 5분으로 줄였다.

내부 언더라이팅 기준으로는 질병 이력에 따라 고객을 △5년 이내 3COLOR 상품 담보 관련 질환의 치료 이력이 없는 경우 퍼플형, △5년 이내 3COLOR 상품 담보 관련 질환의 치료 이력이 있으나 2년 이내 관련 질병으로 입원·수술을 하지 않은 경우 블루형, △치료 이력이 있으면서 질병으로 입원·수술을 한 경우 그린형으로 구분한다.

건강검진 결과와 질병 이력에 따라 추가 할인을 적용해 실제 납입할 보험료를 결정하고, 고객이 건강상태를 점검하고 관리할 수 있도록 3년마다 3회에 걸쳐 3COLOR 케어 리포트를 제공한다. 또, 뉴라이프 케어서비스(헬스케어 서비스)를 통해 질병 진단 시 간병인 등을 지원한다.

건강 그래프의 8대 질병 예방 평균 점수가 개선되면 3COLOR 케어 할인율로 주계약 최초 갱신계약의 보험료를 할인해 주기도 한다. 보험기간은 10년, 20년 만기 갱신형으로 100세까지 보장하고, 가입 나이는 15세부터 75세(퍼플형), 30세부터 75세(블루형, 그린형)까지다.

이 상품과 동일한 절차를 거쳐 가입할 수 있는 '3COLOR 3대 질병 암플러스 보장보험(무배당, 해지환급금 일부 지급형)'도 함께 출시되었다. 보험기간은 80세 만기, 90세 만기 또는 종신을 선택할 수 있으며 만 15세부터 70세(퍼플형), 30세부터 70세(블루형, 그린형)까지 가입할 수 있다.

건강 데이터를 통해 가입 설계 전 질병 이력 심사가 시스템에서 100% 자동 완료되고 기존 청약 이후 추가 고지, 추가 서류, 건강검진 등 번거로운 인수 심사 과정을 완전히 삭제했다.

고객마다 건강상태가 다르고 적절한 보험료를 매긴 상품을 찾기 어렵다는 데 주목했고, 동일한 유병자라도 건강상태가 모두 다른 만큼 개인에게 꼭 맞는 상품이 필요하다는 점에 착안해 만들어진 상품이다. 퍼스널보험 시장의 선구자인 이 상품의 선전을 기대해 본다.

5. 손보 vs. 생보, 제3보험의 승자는?

올해로 제3보험이 법제화된 지 20년이 되었다. 제3보험은 생보와 손보의 주력상품 부진과 함께 새 성장 동력으로 자리매김했다. 더욱이 새 회계기준(IFRS17)에서는 새로운 수익성 지표인 계약서비스마진(CSM)을 끌어올릴 상품으로 각광받고 있다. 그러다 보니 제3보험이 생·손보사에 미칠 영향은 클 수밖에 없다.

4조 3,264억 원 vs. 3조 9,403억 원

2021년 생보와 손보의 경영 실적에 희비가 갈렸다. 코로나19 효과로 발생한 자동차보험 실적 개선에, 제3보험 판매량 호조가 원인이다. 제3보험은 생보의 정액보상과 손보의 실손보상 특성을 동시에 지닌 보험을 뜻한다. 또한 사람을 대상으로 하는 생보의 속성과 실손보상의 손보 속성을 동시에 가진 것도 특징이다.

제3보험을 하나의 보험으로 분류하기 어렵기 때문에 보험업법에서는 생명보험, 손해보험과 더불어 독립된 하나의 보험업으로 간주한다. 1962년 보험업법 제정 당시에는 생보와 손보 사업 겸영을 금지했지만 1971년 상해보험, 1978년 질병보험에 대해 단계적으로 겸영이 허용되었다. 그러다 2003년 8월 보험업법 개정을 통해 제3보험이 명확히 규정되었다. 즉, 2003년 8월 보험업법 개정으로 생·손보사 모두 판매가 가능해진 것이다.

보통 생·손보 고유 영역을 제외한 상해보험·질병보험·간병보험을 제3보험으로 구분한다. 대표적인 상품은 암보험, 치매보험, 어린이보험, 실손보험 등이다. 생보는 대표적 보장성보험인 종신보험, CI(Critical illness)보험을 제외한 기타 보장성보험으로, 손보는 장기인보험으로 부른다.

제3보험을 보는 시각에는 차이가 있었다. 생보사는 종신보험이라는 킬러 상품이 있는 탓에 제3보험 시장에 눈을 돌리지 않았다. 종신보험과 제3보험의 건당 보험료가 크게 차이 나는 점도 판매 유인을 떨어뜨렸다.

손보사는 상황이 달랐다. 손보의 주력인 일반보험의 성장 정체와 자동차보험의 누적된 적자로 시름을 앓고 있었다. 이때 제3보험 시장으로 눈을 돌렸고 판매에 힘을 쏟았다. 시장에서의 성장 기대치도 높았고, 건당 보험료는 적지만 수익성이 높아 매력적인 시장으로 판단했다.

제3보험 시장 점유율은 2010년까지만 해도 생·손보사가 각각 46.4%와 53.6%로 비슷했다. 하지만 손보사가 판매에 드라이브를 걸었고, 2020년 기준 손보 71.5%, 생보 28.5%로 크게 벌어졌다. 2004년부터 손보사 점유율이 꾸준히 상승한 가운데 생보사 점유율은 낮아지며 18년 만에 40%p 이상 벌어진 것이다.

점유율뿐만 아니라 순익에도 변화가 생겼다. 2012년 당시 생보사는 3조 2,003억 원의 당기순익을 거둬 2조 4,396억 원의 손보사를 7,607억 원 앞섰으나, 2016년에는 손보사가 1조 485억 원 더 많은 순익을 거뒀다. 이후 엎치락뒤치락하던 중 2021년 손보사가 순익 4조 3,264억 원을 거둬 3조 9,403억 원의 생보사를 크게 앞질렀다. 올해 상반기 기준 순익은 손보사 3조 4,337억 원, 생보사 2조 1,807억 원이다.

그 이유는 제3보험의 판매가 생·손보사 실적 변화에 영향을 준 것으로 보인다. 그리고 가구 형태 변화 등으로 종신보험 판매량이 감소한 점도 영향을 미쳤을 것이다. 또한 고금리 저축성 상품을 판매해 온 생보업계의 보험 영업손익이 악화된 반면, 손보업계는 장기보험, 자동차보험, 일반보험 등에서 원수보험료가 증가하는 추세를 보이고 있다. 특히 장기인보험이나 자동차보험 손해율이 개선되면서 생보업계에 비해 양호한 영업실적을 내고 있다.

상품을 떠나 업권별로 계약자 연령, 납입 방식 등에서도 차이가 나타난다. 생보는 고연령 계약자 비중이 상대적으로 높은 반면, 손보는 저연령 계약자 비중이 높다. 생보는 암보험이나 간병보험에, 손보는 어린이보험에 강점을 보유했기 때문이다. 또, 생보는 방카슈랑스 채널 영향으로 연납 비중도 상대적으로 높다.

보험개발원은 제3보험 시장에서 생보와 손보의 경쟁이 더 심해질 것이라고 전망했다. 사망보장 수요가 줄고 건강보장 수요가 늘어나면서 수요 지형이 변화하고 있다. 새 회계기준(IFRS17) 도입 이후 수익성 지표인 계약서비스마진(CSM)에 유리한 보장성보험을 늘리려는 움직임도 경쟁에 영향을 미치는 추세다.

현재 제3보험 시장은 손보의 완승이지만 전통의 강자, 생보의 반격이 어떻게 이뤄질지 너무나 궁금하다.

2부

2024년 미리보기
: 새 먹거리는 어디에 있을까?

1. 단기납 종신보험, 다음 주인공은?

　종신보험은 1990년대 외국계 생명보험사에 의해 도입된 상품이다. 당시 국내에서는 일명 '알종신'이라고 불리는 상품으로 판매되었다. '알종신'은 단순 사망을 보장해 주었기에 기능이 제한적이었다.

　하지만 2000년대 초반 '변액종신보험'이 등장하면서 한 단계 진화하게 되었다. 변액보험은 보험료 일부를 펀드나 주식, 채권 등에 투자해 발생한 수익률을 해약환급금이나 사망보험금에 더해 주는 상품이다. 수익이 발생하면 보험금이 증가할 수 있지만, 수익률이 내려가면 손실도 발생한다. 물론 손익은 계약자의 몫이다.

변액종신보험이 출시된 당시에는 물가 상승 또는 인플레이션을 헤지할 수 있는 상품으로 큰 인기를 끌었다. 특히 FP 입장에서는 수수료가 높은 상품이라 강하게 니즈 환기를 시켰고 엄청난 판매를 기록했다.

이후에는 변액유니버셜 종신보험이 출시되었다. 소비자 니즈를 반영해 기존 변액보험에 유니버셜 기능이 탑재되었는데 보험료 납입 중지, 중도 인출, 추가 납입 등이 가능한 상품이다.

2015년에 들어서는 저해지 환급형 종신보험이 출시되면서 시장을 주도했다. 저해지 환급형은 기존 상품 대비 보험료가 25%가량 저렴한 대신 해약환급금이 거의 없다는 특징이 있다. 보험료 부담으로 종신보험에 가입하지 못하는 소비자를 위해 설계된 상품이다. 당시 I생명은 상품 출시 9일 만에 월 납입 보험료 5억 원을 돌파했었다. 해당 상품이 출시된 직후 매출이 급격히 오르자, 보험업계에서 여러 형태의 상품이 저해지 또는 무해지로 출시되었다.

이후에는 노후까지 대비하는 상품인 생활자금 선지급형 종신보험이 나왔다. 유니버셜 종신보험과 크게 다르지 않지만, 보험료 납입 규모에 따라 산출된 액수를 생활자금으로 선지급하는 특징이 있다.

지난해부터는 '단기납' 형태의 종신보험이 생보업계 핵심 상품으로 떠올랐다. 단기납 종신보험은 기존 10~30년까지 납입 기간에 따라 맞춰진 원금 회복 시간을 5~7년가량으로 단축한 상품을 말한다. K생명이 가장 먼저 출시했고 GA에서 인기를 끌어 높은 매출을 기록하자, 다른 생보사들도 앞다퉈 관련 상품을 출시했다.

현재까지 종신보험의 진화 과정을 보면 대부분 소비자 니즈에 부합하는 형태로 바뀌어 왔다. 유니버설 기능은 물론 생활자금 선지급, 저렴한 보험료의 저해지, 단기납 등 소비자가 원하는 기능을 탑재해 매출을 확대하고자 하는 뜻이 반영된 것이다.

종신보험은 생보업계 대표 상품이지만 저출산, 1인 가구 증가, 결혼율 감소 등으로 수요가 점차 감소해 업계 수익성이 악화되어 왔다. 그래서 계약서비스마진(CSM)을 높이기 위해 납입 기간을 기존 20년에서 대폭 줄인 5년, 7년납 상품을 내놓은 것이다. 기간은 짧지만 환급률이 좋아 신규 계약이 급속히 늘기도 했다.

역으로 생각하면 종신보험은 그만큼이나 불완전판매가 많고, 민원도 적지 않은 상품이다. 갈수록 매출이 줄고 있는 만큼, 보험사들도 소비자 니즈에 맞춰 매출을 늘리기 위한 방향으로 끊임없이 변화를 추구한다. 정말이지 생존을 위해 처절한 사투를 벌이고 있다.

하지만 금감원은 2023년 7월 20일에 불합리한 보험 상품으로 인한 보험사 건전성 악화 및 소비자 피해 우려가 없도록 개선 방안을 마련하라는 보도자료를 배포했다. 이에 따르면 10년 미만 단기납 종신보험에 환급률 100% 이상을 제공하지 못한다. 단기납 종신보험은 5년, 7년만 납입하면 환급률을 100% 이상 보장해 주는 목돈 마련, 저축성 상품 성격으로 판매되어 왔다. 그래서 보험사 간 경쟁이 일어나 100%를 초과하는 환급률을 제공하기도 했다.

금융당국에서 단기납 종신보험에 제동을 건 이유는 저축성 상품으로 오인할 여지가 있어 불완전판매에 따른 소비자 피해가 발생할 수 있기 때문이다. 또한 보험사의 과도한 시책으로 보험사 건전성에 악영향을 미친다는 지적도 있다.

이런 단기납 종신보험의 장점이 상쇄되는 시기를 대비해 생보업계에서는 건강보험 시장 확대를 준비하고 있지만, 완전히 대체하기는 불가능해 보인다. 건강보험 시장은 이미 손보업계가 70%를 장악했을 뿐만 아니라 보험료 경쟁력도 떨어져 이기기 어렵다는 진단이다.

따라서 단기납 종신보험 이후, 생보사의 주력상품은 '다기능' 종신보험이 될 것으로 예측된다. 대표적으로 피보험자 교체가 가능한 종신보험, 저렴한 보험료로 장례 비용 준비가 가능한 소액간편 종신보험, 부의 대물림에 필수인 상속 종신보험 등이 시장에 출시되고 가입연령도 80세까지 확대되고 있다.

다양한 기능도 눈에 띄는데 바로 피보험자 교체이다. 일부 보험사에서는 가입 후 최소 7년이 경과하면 가능하다. 단, 교체 대상은 배우자나 자녀로 한정된다. 예를 들어 아버지를 피보험자로 가입한 종신보험을 해약하고 환급금을 받아 다시 아들이 피보험자인 종신보험으로 갈아탈 수 있는 셈이다.

　이 경우 해약환급금은 조금 하락하지만, 사망보험금은 대폭 상승하는 효과를 거둘 수 있다. 피보험자를 교체해 사망보장 자산의 세대 이전과 적용 이율 승계를 할 수 있고, 1+1 세대 마케팅까지 가능하다는 점에서 종신보험 영역을 확대했다는 평가를 받고 있다.

　또한 소액간편 종신보험도 출시되었다. 종신보험인데도 월 보험료는 3~5만 원대로 상조보험과 비슷한 수준이다. 기능이 뛰어나 상조와 비교해도 장점이 많다. 상조는 납입 도중 사망 사고가 발생하면 장례 서비스는 제공하지만, 완납하지 못했다면 일시불로 정산해야 한다. 반면에 소액간편 종신보험은 보험료 추가 납입 없이 약속된 보험금을 지급한다.

　또, 상조는 운영사가 파산하면 은행 지급 보증으로 최대 50%만 보장하고 장기 납입 시에도 이자가 발생하지 않는다. 하지만 소액간편 종신보험은 보험사가 파산해도 계약 이전 제도 및 예금보험공사 예금자보호법에 따라 1인당 5,000만 원까지 보장하고 장기 납입 시 이자 차익도 기대할 수 있다.

　여기에 손보 시장에 없는, 종신보험에 치매 보장을 탑재한 상품도 출시되고 있다. 치매는 완치가 아닌 진행 속도를 늦추는 데 초점을 맞출 수밖에 없고, 언제까지 치료받아야 할지 아무도 모른다. 이에 따라 치매 종신보장 콘셉트를 강조한 상품은 경쟁력이 높다.

기존에 영업 촉진을 위해 추진한 일시적인 언더라이팅 완화 정책도 이어지고 있다. 타사 연계 조건을 없애 보장금액을 높이고, 특정 특약의 보장 한도를 상향해 틈새시장을 공략하려는 움직임이다.

과거나 지금이나 종신보험 판매의 가장 큰 허들은 니즈 환기다. 금융당국이 단기납 종신보험 판매를 일부 제한하면서 손쉽게 고객 니즈를 끌어올리기가 어려워졌다. 앞으로도 이런 상황은 지속될 것이다.

종신보험 판매는 FP의 생존과 맞물려 있다. 종신보험 판매 없이는 소득 창출이 불가능하기에 다양한 기능으로 무장한 종신보험 시장은 더욱 확대될 수밖에 없다. 얼마나 다양한 종신보험이 출시될지 2024년이 기대된다.

2. 연금보험의 마지막 보루, 톤틴형 연금

톤틴연금은 17세기 이탈리아의 은행가 로렌조 톤티(Lorenzo Tonti)의 발상에서부터 시작했다. 톤티의 발상은 17세기 프랑스에 실제로 적용됐다. 당시 프랑스 정부는 오래 살수록 많은 이자를 받을 수 있는 국채를 발행했다. 국채 구매자 중 오래 산 사람이 사망한 사람 몫의 이자를 받는 구조였다. 즉, 국채 구매자 중 마지막까지 살아남은 사람이 구매자 전원의 이자를 받는 식이었다. 다만 도중에 사망하더라도 국채의 구입 대금, 즉 원금은 상환되지 않았다.

17세기 톤티의 발상과 프랑스의 톤틴연금은 오늘날 생보사에서 판매하는 톤틴연금과는 조금 다르다. 이는 우리나라보다 앞서 도입한 일본의 상품 구조를 보면 명확하게 알 수 있다.

일본은 톤틴형 연금이 가장 대중화된 국가다. 초고령사회에 진입한 탓에 은퇴 후 소득에 관심이 높고, 재산을 남기는 가구가 많지 않다. 이런 인구구조 속에서 톤틴형 연금은 선풍적인 인기를 끌었다.

일본 보험사들은 2016년부터 본격적으로 톤틴형 연금을 판매하기 시작했다. 최초의 톤틴형 연금은 니혼생명의 그랑 에이지(장수생존보험) 상품이다. 20년간 보험료를 납입하고 70세부터 연금을 수령하는 구조로 설계되었다.

이 상품은 톤틴연금 원리가 적용돼 오랜 기간 계약을 유지하는 사람에게 많은 연금액이 돌아간다. 연금 수령액이 납입 총액보다 많아지는 손익분기 연령은 남성 기준 90세다.

100세에는 환급률이 152.5%에 달한다. 다만 연금 수령 전에도 사망보험금을 제공하는 점은 오리지널 톤틴연금과 다르다. 톤틴연금은 연금 수령 전에 가입자가 사망하면 사망보험금을 지급하지 않고, 다른 가입자의 연금 재원으로 사용한다.

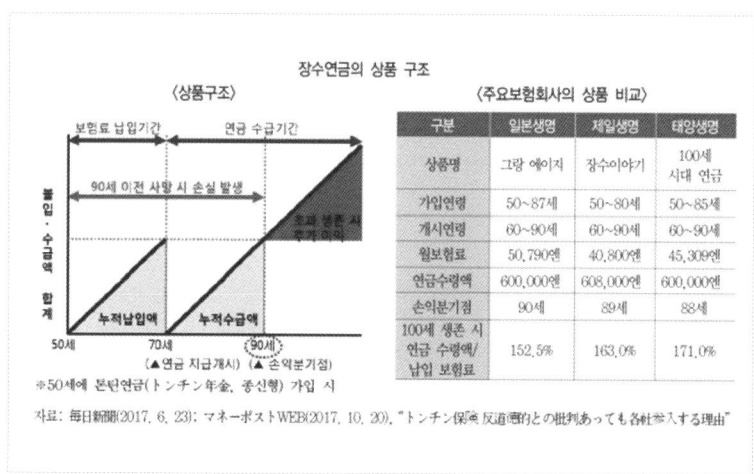

*출처: 보험연구원

니혼생명 상품은 연금 수령 전 사망하면 납입금액의 70%를 환급금으로 제공하고 연금 개시 후 보증기간(5년) 경과 땐 사망보험금을 지급하지 않는다. 다이이치생명의 '장수이야기', 타이요생명의 '100세 시대 연금'도 사망보험금과 환급률에 차이만 있을 뿐 유사한 구조다. 이렇듯 일본의 톤틴형 연금은 조기 사망자에게도 일부 환급금을 지급한다. 톤틴연금 특성상 가입자가 서로 죽음을 은연중에 바랄 수 있는데, 이 같은 부작용을 일부 보완했다는 평가를 받는다.

일본의 톤틴형 연금은 한국 생보사가 살펴봐야 할 모델로도 꼽힌다. 한국은 일본과 마찬가지로 초고령사회로 접어들고 있으며, 1인 가구가 늘어나는 추세다. 한국은 이미 2017년 고령사회에 진입했으며, 2026년에는 초고령사회로 진입한다.

작년 기준 우리나라의 1인 가구는 717만 명으로, 전체 가구의 33.4%이다. 10가구 중 3가구는 1인 가구라는 뜻이다. 2023년 하반기에는 일본과 유사한 한국형 톤틴연금이 출시되었다.

S생명이 연금보험 상품 규제완화에 맞춰 장기 유지 시 더 많은 연금액을 받을 수 있도록 설계했는데, 연금을 중도해지 하는 가입자에게는 낸 보험료보다 훨씬 적은 돈을 돌려주고, 장기간 유지하면 연금액을 늘려 주는 형태이다.

그동안 연금보험은 중도해지 하는 소비자 보호에 초점을 맞춰 중도 환급률 규제를 저축보험과 동일하게 적용했다. 그래서 장기간 연금을 유지하는 고객에게 혜택을 주기 어려웠다. 이번 개정을 통해 연금을 오래 유지할수록 수령하는 연금액이 많아지는 형태로 상품을 개발한 것이다.

S생명의 연금보험 플러스는 △ 중도 환급률을 낮춘 대신 계약을 길게 유지할수록 유지 보너스 혜택을 받을 수 있는 '연금강화형', △ 기존 중도 환급률 규제를 적용하여 설계된 '기본형' 등 두 가지로 운영한다. 가입 기간과 환급률, 연금액 등을 충분히 고려해 자신에게 맞는 상품을 선택해 가입할 수 있다.

연금 수령 방법에는 종신연금플러스형, 확정기간연금플러스형, 상속연금형, 조기집중연금형, 상속연금형이 있다. 다양한 경제적 상황을 고려해 연금 수령의 세부적인 기간 및 형태를 선택할 수 있어 맞춤형 노후 설계가 가능하다. 납입 형태 또한 거치형과 적립형 중에서 선택할 수 있고, 추가 납입과 중도 인출, 노후설계자금의 운영 등을 통해 유연한 자금 활용도 가능하다. 가입 나이는 0세부터 최대 80세, 연금 지급 개시 나이는 45세부터 90세이다.

그러면 톤틴형 연금은 어떤 장단점이 있는지 살펴보자.

첫째, 살아 있는 동안 연금을 받을 수 있다. 기본적으로 종신연금 구조를 가지고 있어 죽을 때까지 연금이 나온다.

둘째, 오래 살수록 더 많은 연금을 받을 수 있다. 인간 수명은 고정적이지 않지만, 최근 장수 트렌드를 고려하면 오래 살 가능성이 과거보다 높아졌다. 납입 보험료는 일정하기 때문에, 오래 사는 만큼 보험료 대비 수급액 비율이 커져 이득을 보는 것이다. 이는 공적연금도 마찬가지다.

셋째, 연금 지급 시 보증기간이 포함된 경우도 있다. 일반적으로 톤틴연금의 연금 지급은 피보험자가 사망하면 중단된다. 하지만 최근 도입된 상품에는 일정 기간 연금 지급을 보장하는 보증기간을 설정하고 있다. 이는 조기 사망 시 큰 손해를 본다는 피보험자의 우려를 불식하면서 상품성을 높이기 위한 조치다.

반면 단점도 분명히 존재한다.

첫째, 일찍 사망하면 납입한 보험료보다 연금 총액이 적을 수 있다. 톤틴연금은 피보험자가 사망하면 즉시 연금 지급이 중단된다. 이는 일반 연금보험과 확연히 다른 부분이다. 일반 연금보험은 연금 수령 기간이 시작된 지 얼마 지나지 않아 피보험자가 사망하더라도 보증기간에 해당하는 연금액을 유족에게 지급한다.

둘째, 미래에 받을 수 있는 연금 총액을 알기 어렵다. 일반적인 확정연금 형태의 연금보험은 미래에 받을 연금 총액을 계약 당시에 알 수 있다. 그러나 종신연금 형태인 톤틴연금은 미래에 받을 연금 총액을 알기 어려워 현재 납입하는 보험료 수준이 타당한지 알 수 없다.

셋째, 보증기간을 설정하면 연간 수령하는 연금액이 적어진다. 보증기간은 피보험자의 보장성 측면에서 장점으로 작용하기도 하지만, 보증기간 동안만 연금을 수령하면 납입 보험료 총액보다 적은 연금을 받게 되고, 일반적인 확정연금에 비해 연간 수령하는 연금액도 적어진다.

연금보험의 중요성은 시간이 지날수록 커질 것이다. 하지만 종신보험의 저축성 판매 콘셉트가 자리 잡은 상황에서 둘 사이의 경쟁은 불가피하다. 고령자의 보장을 강화하고 보험사의 수익성을 확보하기 위한 연금보험 상품 경쟁력 제고 방안으로 피보험자의 '생존 위험 공유'가 있다. 생존율의 기대치와 실현치를 비교해 연금 급여를 조정하거나, 톤틴연금처럼 생존자 그룹의 수익률을 확대하는 방식으로 생존 위험을 공유할 수 있다.

생존 위험을 공유하면 수익자의 연금 급여 불확실성이 증가할 수 있으나, 보험사의 리스크를 낮출 수 있다. 이는 상품 경쟁력을 높이고 동일한 보험료로 수익자의 보장성을 강화시킬 수도 있다. 이와 더불어 개인연금의 연금 인출기 전략과 정부의 종신연금 구매에 대한 세제 혜택 지원이 필요하다.

연금은 적립 단계에서 경쟁력을 확보하는 것도 중요하지만, 축적된 은퇴자산을 안정적으로 운영하는 인출 시장에서의 차별화된 전략이 필요하다. 또한 개인연금 시장의 주요 타깃층을 확장할 필요가 있다. 은퇴가 임박한 대상에 한정하는 것이 아니라 사회 초년생 등 젊은 세대까지 확대할 필요가 있다.

이에 가장 합리적 대안이 바로 톤틴형 연금이다. 소비자에게 장수 리스크를 전가한다는 오해가 없도록 상품을 개발한다면 연금보험의 마지막 보루로서 역할을 충분히 해낼 것이다.

3. 제2의 달러보험 시장이 열린다

외화보험이 말썽이던 시절이 불과 얼마 전이다. 환율 리스크와 불완전판매 우려가 있다는 것인데, 사실상 투자 상품으로 접근하는 가입자들까지 보호 대상으로 삼으면서 보험사에 대한 과도한 규제가 아니냐는 반문이 제기되기도 했었다.

외화보험은 보험료 납입과 보험금 지급을 모두 외국통화로 하는 상품이다. 현재 미국 달러와 중국 위안화가 있는데 대다수가 달러로 이뤄져 '달러보험'이라고도 불린다. 보험료와 보험금이 모두 외국통화이기 때문에 환율에 따라 납입 보험료와 수령 보험금이 변동될 수 있다. 해외 금리 영향으로 만기보험금 가치가 하락할 가능성도 있다.

환테크 상품이 아니지만 저금리 장기화로 가입자들이 새로운 투자처를 찾으면서 수요가 늘었다. 외화보험 수입보험료는 2017년 3,230억 원에서 2018년 6,832억 원, 2019년 9,690억 원으로 증가했다. 2020년에는 상반기에만 7,575억 원을 기록했다.

가입자들은 보험금을 받을 때의 환율이 지금보다 상승할 것이라고 판단하고 베팅한 것이다. 환율이 상승하면 나중에 보험금을 받고 원화로 환산할 때 그만큼 환차익을 얻을 수 있기 때문이다.

반대로 보험 가입 기간에 환율이 상승하면 부담해야 하는 보험료가 증가하고, 보험금을 수령하는 시기 환율이 하락하면 지급받는 보험금이 감소하게 된다. 그뿐만 아니라 해외에서 금리가 하락하면 보험료 적립 이율이 떨어져 만기환급금이 줄어들 수도 있다.

금융당국은 소비자 피해를 강조하는 입장이다. FP가 외화보험을 환차익 실현이 가능한 재테크 수단으로 안내하는 등 상품 판매 과정에서 리스크 설명을 소홀히 하기 때문에 불완전판매 우려가 있다는 것이다.

실제로 금감원은 외화보험을 문제 삼아 P생명과 M생명에 경영 유의 제재 조치를 취하기도 했다. 보험 교육이나 안내 자료에서 상품 설명이 미흡해 가입자 피해와 오인을 유발할 수 있다고 지적했다.

일부에서는 가입자들이 애초에 환차익을 생각하며 사실상 투자 상품으로 접근하는 경우가 많은데, 원금 보장이나 환차손과 같은 부분까지 보험사가 감당하는 것은 과도한 규제라고 우려한다. 이런 상황에서는 보험사들이 달러보험 활성화를 꺼릴 수밖에 없다. 운영의 묘를 살려 규제가 필요한 부분에는 보험업계 입장도 반영하는 패러다임의 전환이 필요한 시점이다.

그렇다면 달러보험, 지금 가입해도 괜찮을까?

수년 전 달러저축보험에 가입한 자영업자 S씨(53)는 요즘 환율 강세에 기분이 들떠 있다. 원 달러 환율이 1,100원이었던 당시 FP의 권유로 이 상품을 가입했다. 환율에 따라 S씨가 납입하는 보험료도 매달 바뀌었지만, 현 추세대로 환율이 계속 오르면 수령 시점에 환차익이 적지 않을 것으로 예상된다. 보험 가입 기간 동안

환율이 오르면 보험료도 올라 부담이 커질 때도 있었지만, 결과적으로 납입 보험료보다 수령 보험금이 더 많아질 것으로 기대되기 때문이다.

앞의 사례처럼 최근 원 달러 환율 강세가 이어지며 달러보험이 다시 주목받고 있다. 고환율 기조 속에서 투자 상품 중 하나로 자주 언급되기도 한다. 보험금 수령 시점에 달러 가격이 강세를 보이면 원화 기준으로 보험금 수령액이 늘어날 수 있기 때문이다.

이를테면 10만 달러의 보험금을 수령하는 상황을 가정했을 때 환율이 1,000원이라면 1억 원을 받을 수 있다. 만일 환율이 1,400원에 육박하면 보험금이 1억 4,000만 원으로 늘어난다. 쏠쏠하게 환차익을 얻을 수 있는 셈이다.

반대로 달러 가치가 급락하면 보험금도 적어져 가입 당시 기대 수준에 훨씬 못 미치게 된다. 보장성보험인 달러보험의 상품 구조상 10년 이상 유지해야 납입 보험료 이상의 해약환급금을 돌려받을 수 있다.

달러보험의 또 다른 장점은 원 달러 환율과 연동되는 만큼 원화보험보다 기본 이율이 높다는 점이다. 달러로 받은 보험료를 미국 채권 등에 투자하는데 수익률이 국내 시장보다 안정적이기 때문이다. 기본 이율이 높다는 점 외에 세제 혜택의 장점도 있다. 10년 이상 계약을 유지하면 이자 수익에 비과세 혜택을 적용하는 것이다.

하지만 원화가 아닌 달러로 돈을 내고 받는다는 점은 동전의 양면과도 같다. 환율 강세가 지속되는 상황에선 보험료 납입 부담도 덩달아 늘어나기 때문이다. 대다수 가입자들은 보험료를 달러가 아닌 원화로 납입하고 있기 때문에 환율 상승 시 계약 유지에 드는 비용이 커질 수 있다.

현재 보험사들은 매달 보험료 납입 시점을 1주일 정도 남겨 두고 달러를 원화로 환산해 가입자에게 문자나 이메일 등으로 보험료를 통보하는 환전 특약 서비스를 적용하는 중이다. 가입자가 보험사에서 통보한 금액만큼 보험료를 납입하면 보험사가 달러로 환산해 적립하는 구조다.

하지만 중도해지 시 일부 피해를 감수해야 하는 리스크도 존재한다. 투자형 상품인 연금보험이 아니라 보장형 상품인 종신보험 형식으로 주로 판매하기 때문이다. 즉, 환차익을 거두기 위해 환율이 오를 때 섣불리 달러보험을 해지하면 높은 해지 수수료를 물어야 한다. 해약환급금이 원금보다 적을 수 있다는 의미다.

개인적으로는 자산 포트폴리오 다양화 측면에서 달러보험을 바라볼 것을 추천한다. 요즘처럼 경제 불안정성이 확대되고 해외 투자에 대한 관심이 증가하는 상황에서 달러보험을 하나 갖고 있는 게 나쁘지 않을 수 있다. 실제로 최근 4년 새 외화보험 계약 건수가 12배 넘게 증가하는 등 점점 달러보험이 보편적인 재테크 수단으로 자리 잡고 있다.

달러보험은 고액 자산가들이 장기적 자산 포트폴리오 관리 차원에서 외화 투자의 성격과 종신·비과세 등 보험 상품의 장점을 함께 누리려 할 때 활용도가 극대화되는 상품이다. 달러보험도 결국 보험이다. 기본적으로 투자 상품이 아니다.

　　환차익 또는 환투자를 목적으로 한다면 외화보험보다는 외화예금이나 외화채권을 고려하는 것이 바람직하다. 장기적 자산 포트폴리오 관리 차원에서 외화 투자의 성격과 보험 고유의 성격을 함께 보완하고자 하는 경우 달러보험 가입을 고려하는 것이 현명한 판단이라 생각된다.

4. 펫산업은 GO!! 펫보험은?

　　정부가 2027년까지 국내 반려동물 시장을 지금의 두 배에 달하는 15조 원 규모로 키우겠다고 밝힌 가운데, 기업들의 관련 산업 진출도 더욱 활발해질 전망이다. 기존 반려동물 사업을 영위하던 스타트업뿐만 아니라 중소기업도 관련 시장을 '신성장 동력'으로 보고 진출에 나섰다. 여기에 반려동물 쇼핑몰 '펫프렌즈'는 M화재와 손잡고 업계 최초로 펫보험 자회사(GA) '펫프 인슈어런스'를 설립한다.

　　펫프 인슈어런스는 슬개골, 피부, 구강질환 등 대표 부위로 나눠는 장기보험 상품을 판매한다. 이 회사는 펫프 인슈어런스 설립으로 펫 생애주기를 아우르는 기업의 정체성을 강화하고 국내 펫보험 시장을 선점한다는 계획이다. 또한 반려인 중심으로 합리적 보험 상품을 제공해 접근성과 편의성이 개선될 것으로 보고 있다. 정부의 펫보험 활성화 방안으로 관련 시장도 더욱 커질 전망이다.

현재 국내 펫보험은 전체 반려동물(개·고양이) 대비 가입률이 0.89%에 그친다. 정부는 펫보험 시장 활성화를 위해 동물 병원이나 펫숍 등에서도 펫보험 판매를 허용하고, 청구 방식도 전산화를 통해 간소화하겠다는 방침이다.

펫헬스케어 시장도 꾸준히 성장 중이다. 펫헬스케어 스타트업 '펫팜'은 최근 32억 원 규모의 투자를 완료했다. 펫팜은 동물 약국 플랫폼을 운영 중인 스타트업으로, 약 3,000개 회원 약국에 반려동물 의약품과 건강기능식품을 공급하고 있다. 펫팜 앱을 자체적으로 개발해 반려동물 보호자와 동물 약국 약사를 위한 서비스도 준비하고 있다.

반려동물 토탈 헬스케어 기업 '핏펫'도 지난 6월 총 280억 원의 투자를 유치했다. 핏펫은 반려동물 간편 검사 서비스 '어헤드', 건강 맞춤 커머스 '핏펫몰', 프리미엄 펫테리어 브랜드 '헤이테일' 등을 통해 반려동물 전 생애주기를 관리하는 파이프라인을 구축하고 있다. 핏펫은 이번 투자 유치를 바탕으로 올 하반기 이후부터는 동물 병원 관련 사업 및 펫보험 사업에 꾸준히 투자를 이어 갈 예정이다.

한편 농림축산식품부는 비상경제장관회의 겸 수출투자대책회의에서 반려동물 연관 산업을 육성하고, 수출을 확대하기 위해 △ 4대 주력산업 육성, △ 성장 인프라 구축, △ 해외 수출 산업화 등 3대 전략을 수립해 추진하겠다고 밝혔다.

4대 주력산업으로는 펫푸드, 펫헬스케어, 펫서비스, 펫테크를 선정해 집중 육성한다. 펫푸드에서는 가축용 사료와 구분해 미국이나 유럽연합 등 국제 표준에 부합한 분류체계·표시·영양기준 등 특화된 제도를 마련한다. 펫헬스케어 분야에서는 진료비 부담을 완화하기 위해 필수·다빈도 진료항목 100개를 시작으로 부가세를 면제한다는 계획이다.

이런 상황에서 보험사들이 펫보험 활성화에 나서고 있지만, 산적한 과제가 많아 아직까지는 요원한 실정이다. K손보는 만성질환이 있거나 병에 걸려 아팠던 반려동물도 과거 병력을 고지하면 질병과 연관된 부위만 보장에서 제외하고 보험에 가입할 수 있도록 부담보 인수를 신설했다.

M화재는 앞서 설명한 것처럼 반려동물 쇼핑몰 펫프렌즈와 함께 펫보험 자회사 '펫프 인슈어런스' 설립에 나섰다. M화재는 펫보험 상품을 개발하고, 펫프렌즈는 운영과 판매를 담당해 부위별 장기보험 상품을 판매할 예정이다.

주요 보험사들이 펫보험 시장 확대에 나서고 있는 만큼 펫보험 시장 규모도 점점 커지는 추세다. 손해보험협회에 따르면 지난해 펫보험 시장은 원수보험료 기준 287억 원으로 2018년 11억 2,000만 원 대비 26배가량 성장했다. 같은 기간 반려동물보험 계약 건수도 7,005건에서 7만 1,896건으로 10배 이상 늘어났다.

하지만 가입률을 놓고 보면 여전히 미미한 수준이다. 국내 반려동물 수는 약 800만 마리로 추산되지만, 지난해 말 기준 국내 펫보험 가입 건수는 7만 1,896건에 불과해 1%에도 미치지 못한다. 펫보험의 진입 장벽으로 꼽히는 요소 중 하나는 비싼 보험료다. 업계는 진료비 관련 데이터가 부족해 적절한 보험료 산정에 한계가 있다고 토로한다.

현재 우리나라는 동물 병원마다 진료비 차이가 크다. 실제로 농림축산식품부가 운영하는 동물 병원 진료비 현황 공개 시스템에 따르면 개·고양이의 초진 진찰료는 최저 3,300원, 최고 7만 5,000원으로 약 23배 차이였다. 대형견 기준 입원비는 최저 2만 2,000원, 최대 35만 5,000원으로 16배 차이를 보였다.

이에 '동물 병원 표준 수가제'를 실시해야 한다는 목소리가 나오지만, 수의업계는 반발하고 있다. 동물 병원의 경영 환경이나 수의사 진료 수준에 따라 진료비를 자율적으로 결정해야 한다는 것이다.

반려동물의 병력, 진료 소견, 치료 내용 등이 담겨 있는 진료기록부의 공개를 의무화할 필요성도 제기된다. 지금은 진료기록 발급이 의무가 아니고, 해당 기록을 요청해도 거절당하는 일이 종종 일어나 반려인이 영수증을 통해 보험금을 청구하는 경우가 있다.

보험사들은 진료 내역이 없는 단순 영수증으로는 제대로 된 손해사정이 어렵다고 주장한다. 수의업계는 진료기록부 공개가 의무화되면 동물용 의약품 오남용으로 이어질 수 있다고 지적한다. 펫보험은 정부의 국정 과제 중 하나인 만큼 전망은 밝은 편이지만, 아직 해결해야 할 과제가 많다. 수의업계와 수가제에 관한 합의도 이루어져야 하고 정책적인 지원도 필요하다.

펫보험 활성화의 걸림돌이 되고 있는 규제완화도 조속히 이뤄져야 한다. 현재 업계에서 생각하는 규제는 크게 4가지다. 먼저 펫보험만 전문적으로 판매하는 모집인도 보험설계사 자격증이 필요하다는 점이다.

금융소비자보호법상 6대 판매 규제(적합성 원칙·적정성 원칙·설명의무·불공정 영업 행위 금지·부당 권유 행위 금지·허위과장광고 금지)를 그대로 적용하는 것은 너무 과도하다는 주장이다. 펫보험은 인보험처럼 적합성이나 적정성을 확인할 필요가 없다. 여기에 상품 종류의 제한 및 불확실성을 상품에 반영하는 데 따르는 제약, 다양한 서비스 개발의 제약 등도 있다.

이에 따라 간단 손해보험대리점을 통한 장기 펫보험 판매를 허용하고 금소법상 6대 판매 규제 중 적합성과 적정성 평가도 예외로 해야 한다고 지적한다. 이와 함께 △ 안전 할증 한도, △ 경험 위험율 조정 조건, △ 사고량에 따른 할인·할증 허용 등을 통해 펫보험 상품 개발 관련 규제도 풀어야 한다고 입을 모은다.

펫산업은 GO! 하지만 펫보험은 해결해야 할 과제가 너무너무 많다.

5. 헬스케어를 넘어, 상조 시장으로

보험사들이 순수한 상품 경쟁력만으로는 차별화하기 어려운 시대가 되었다. 그래서 새로운 먹거리로 주목받고 있는 헬스케어 사업에 역량을 집중하고 있다. 자금 확충, 디지털 플랫폼 개편 등을 통해 서비스 다각화를 추진하는 모습이다.

K손보는 자회사를 통해 운영하던 요양 사업을 K생명에 이관하는 대신 헬스케어 사업에 집중하기로 했다. K헬스케어는 업계 최초로 설립한 헬스케어 자회사로, 신사업 확대를 위해 추가로 자금을 조달하고 있다.

K헬스케어의 맞춤형 건강관리 플랫폼 '오케어'(O-care)를 연내 일반 소비자 대상(B2C)으로 출시하는 게 최우선 목표다. 이 서비스는 임직원 2만 6,000명을 대상으로 시범 운영되고 있었으며, 일반 소비자가 활용하기 좋은 서비스를 중심으로 B2C 플랫폼에 탑재한다는 계획이다.

라이프사이클상 요양 사업은 생명보험, 헬스케어는 손해보험에 맞다고 판단해 내린 결정이다. 오케어 파일럿 테스트를 통해 자신의 건강 데이터를 토대로 건강 자산을 잘 관리할 수 있게 돕는 서비스들을 조만간 선보이려고 한다.

N생명은 디지털 헬스케어 플랫폼인 'N헬스케어' 앱을 전면 개편할 예정이다. 걷기를 통해 수확한 농산물을 포인트로 전환할 수 있는

랜선 텃밭 가꾸기, 걷기 배틀 등 주요 서비스를 고도화하고, 사용자 환경(UI)·사용자 경험(UX)의 이용 편의성을 제고한다는 방침이다.

환자 맞춤형 만성질환 관리 플랫폼 '닥터바이스'를 운영하는 아이쿱과 업무협약을 체결하고 디지털 건강관리 서비스 발굴도 추진하기로 했다. 헬스케어 데이터 수집·활용 전략을 수립하고 새로운 사업 모델도 창출한다는 계획이다.

S화재는 디지털 헬스케어 서비스 '애니핏 플러스' 개편을 통해 꾸준한 건강관리를 지원하는 '핏 챌린지', '팀 걷기 챌린지' 등을 신설했으며, 연내 새로운 서비스를 출시하며 고객을 확대한다는 목표를 세웠다. H해상 역시 2019년 도입한 '하이헬스챌린지' 헬스케어 서비스 고도화를 추진 중이다. D손보는 고령층, 만성질환자 등에게 다양한 헬스케어 서비스를 제공하는 보험 상품 '참좋은 시니어 헬스케어보장보험' 등 헬스케어와 보험 상품을 결합한 서비스를 강화하고 있다.

이처럼 보험사들이 헬스케어 서비스에 앞다퉈 나서고 있는 이유는 고객 유치는 물론 서비스 다각화, 고객 건강관리를 통한 손해율 감소 등 긍정적인 효과가 크다고 보기 때문이다. 다만 헬스케어 사업 활성화를 위해 공공 의료 데이터 개방이 우선 이뤄져야 한다는 의견이 있다. 2020년 데이터3법 개정을 통해 공공 의료 데이터 활용을 위한 법적 근거가 마련되었지만, 건강보험공단은 의료계 등의 반대 때문에 심의조차 열지 못하는 상황이다.

정부에서 데이터를 개방하겠다고 발표한 만큼, 보험사들이 실질적으로 양질의 데이터를 활용해 새로운 서비스를 개발하고 보장 영역을 확대할 수 있도록 건보공단과 물밑에서 논의를 계속 진행 중이다.

보험사들은 상조 시장에도 눈을 돌리고 있다. 상조업계는 코로나19에도 꾸준히 규모가 커져서 연간 8조 원에 이르는 등 빠르게 성장하고 있다. 보험사들은 이미 보험업 운영으로 생애 전반에 걸친 위험 보장 노하우를 갖춰 상조업을 포함한 생애주기별 맞춤형 서비스를 제공할 수 있다. 일부 대형 생보사는 금융당국의 금산분리 규제완화에 발맞춰 상조 시장 진출을 위한 자회사 설립·기존 회사 인수 등을 준비하고 있다.

생명보험협회도 업계의 미래 먹거리로 요양·상조 등 시니어케어(노인 돌봄) 서비스 진출을 제시했다. 양질의 시니어 서비스 공급망 확대 차원에서 생보사의 요양·상조업 진출과 보험업 연계 활성화 방안을 마련하기로 했다.

상조 시장을 다음 먹거리로 꼽은 이유는 앞으로 성장 가능성이 크기 때문이다. 상조업체 가입자는 5년 만에 약 50% 늘어 지난해 말 기준 750만 명을 돌파했다. 올해 1분기 선수금 규모도 8조 3,890억 원으로 지난해 9월 대비 4,916억 원 증가했다. 보람상조·프리드라이프 등 각 기업의 선수금도 1조 원을 넘어선 지 오래다.

물론 보험사들이 상조업계에 진출하기 위해서는 보험법 시행령 개정이 필요하다. 현행법상 보험사는 금융업을 하지 않는 다른 업종의 회사에 지분 15% 이상을 출자할 수 없다. 그러나 금산분리 규제완화 등 관련 사업 진출 문턱이 낮아질 가능성이 크다는 점에서 선제적으로 사업 준비에 나서고 있다.

대표적인 방법은 상조업체와 손잡고 보험 상품에 장례 지원 서비스를 제공하는 것이다. N생명은 N파트너스와 업무협약을 체결해 보험계약자 및 가족에게 장례 지원 서비스 상품을 특별 가격으로 이용할 수 있게 제공하기로 했다. D생명 역시 상조사와 제휴를 맺어 피보험자 사망 시 제휴 상조업체의 VIP 상조 서비스를 할인가로 이용할 수 있게 보장을 설계했다.

반면 상조업체들은 보험사들의 시장 진출을 우려하고 있다. 상대적으로 자산 규모가 큰 보험사들이 상조 시장에 진출하면 기존 상조업체들의 타격이 불가피해서다. 상조 부문은 수익성이 열악하고 소규모 영세업체가 난립한 상태다. 새로 상조회사를 설립하기보다 기존 업체 중 자립이 어려운 곳을 인수해서 토탈 라이프 케어를 강화하는 방향으로 가려고 할 것이다.

보험업계는 미래 먹거리를 상조와 함께 관련성이 높은 요양 사업으로도 확장하고 있다. K생명은 최근 금융당국에 요양 사업 자회사인 골든라이프케어 소유에 대한 승인 신청을 완료했다. S라이프와 N생명도 요양 사업 진출을 준비 중이다. 저출산·고령화 영향으로 보험 시장이 사실상 포화 상태이기에 요양·상조 등 토탈 라이프 케어 회사로 변화를 꾀하고 있다.

이런 변화는 반드시 보험 소비자를 고려하는 방향으로 이루어져야 성공할 수 있을 것이다. 보험사가 아닌 고객을 위한 토탈 라이프 케어 서비스를 기대해 본다.

2장을 마치며

인위적인 보험 상품 개편, 과연 옳은 방향일까?

금감원이 단기납 종신보험을 비롯한 히트 상품 수술에 나서면서 보험업계가 당혹감을 감추지 못한 2023년이었다. 업계는 당국의 자율성 침해에 불만을 드러내기도 했지만 딱 거기까지였다.

개정된 대표적 상품은 단기납 종신보험, 운전자보험, 어린이보험이다. 금감원은 해당 상품들이 보험사 건전성을 해치고, 불완전판매 등으로 소비자 피해를 유발하는 상품이라는 이유를 들었다.

단기납 종신보험은 새 회계기준 도입 이후 생보업계 효자 상품이었다. 최근 MZ세대의 사망보험금에 대한 니즈 감소 등 최신 트렌드를 반영하며 큰 인기를 끌었다. 대형사뿐만 아니라 중소형사, 나아가 GA들까지 모두 단기납 종신보험 열풍이었다. 한동안 얼어붙었던 시장이 활기를 띠었다.

어린이보험은 H해상이 2004년 업계 최초로 출시하며 세상에 모습을 드러냈다. 출시 당시 0~15세 사이 어린이 대상 종합보험이었던 어린이보험이 저출산 시대에 접어들면서 가입연령이 높아졌다. 2018년엔 30세까지 높아졌으며 지난해에는 35세까지 확대됐다.

어린이보험은 저렴한 보험료로 20~30대 사이에서 큰 인기를 끌었지만, 어린이보험이라는 명칭하에서 가입연령이 늘어난 점과 급성심근경색, 뇌졸중 등 성인 질환 담보 탑재로 본질이 흐려졌다는 지적이 잇따랐다. 이에 2023년 하반기부터 어린이보험은 기존 어린이들을 위한 상품과 청년층을 대상으로 한 종합보험으로 나뉘게 되었다.

운전자보험도 예외는 아니었다. 운전자보험은 일명 '윤창호법', '민식이법' 등으로 운전자 처벌이 강화되면서 주목받기 시작했다. 이후 운전자보험 내 변호사 선임비 특약 한도 확대 경쟁이 벌어지면서 자기부담금이 신설될 것이라는 전망이 나오기도 했다. 영업 현장에서는 이를 활용한 절판 마케팅이 벌어졌다. 이에 금융당국의 눈총을 받기 시작하면서 100세 만기였던 보험기간이 최장 20년까지로 축소되었다.

운전자보험 이후 간호간병보험이 손해보험업계 뜨거운 감자로 떠올랐다. 손보사들이 일시적으로 간호간병보험 내 간호간병 통합서비스 입원일당 특약의 한도를 상향하며 금융당국의 레이더망에 포착됐다. 금융당국은 간호간병보험과 관련해 전체 손보사를 대상으로 현황 파악에 나섰고, 그 결과 10월 1일부터는 특약 한도가 축소되었다.

이번 조치로 보험사들은 기존에 팔던 보험 상품을 새 기준에 맞춰 개편했다. 업계 입장에선 기존에 판매하던 상품을 다시 개정해야 하니 반기는 분위기는 당연히 아니다. 보험사에 따라 운전자나 어린이보험을 주력으로 판매했던 곳은 큰 타격을 입을 수밖에 없다.

당국의 행보가 당연하다는 의견도 일부 있다. 과열된 보험업계의 경쟁을 정화시키려는 차원으로 본다면 금감원의 개입이 나쁘지 않다고 보는 시각이다. 보험 상품마다 개발 목적이 있는데, 3가지 상품은 원래 취지와 너무 벗어난 측면이 있다는 논리다.

이렇듯 금융 산업은 소비자의 금전적인 부분과 직결되는 만큼 강한 규제를 받는다. 금감원은 보험사 등 전체 금융

업권의 감독 기관으로 건전성 확보와 공정한 시장 질서 확립, 금융소비자 보호의 의무를 가진 공공기관이다. 그만큼 금융사와 금융소비자 모두를 고려해야 한다. 하지만 과도한 규제는 보험 산업 발전을 저해하는 동시에 금융소비자의 선택권마저 제한할 수도 있다.

이러한 규제에도 불구하고 현장에서는 절판 마케팅 붐이 일었다. 지난 8월 여름철 영업 비수기에도 영업 현장에서는 막바지 절판의 바람이 거세게 불었다. 이는 사실 보험 업계의 흔한 이벤트다. 역설적이게도 금감원이 특정 상품에 대한 제한 조치나 주의보를 내놓을 때마다 현장은 '절판 마케팅'을 통해 해당 상품을 적극 판매한다.

금감원은 정말 종신보험 그 자체에 문제가 있어서 일선 보험사에 상품 개선을 지시하는 것일까? 아니면 다른 이유가 있는 것일까? 종신보험은 불법적으로 개발된 상품이 아니다. 정식으로 인가를 받아 출시된 상품이다. 또 상품 전체를 보고 일부 장점을 선택해 가입하는 것 역시 소비자의 권리다.

물론 이 같은 제재가 장기 상품을 운용하는 보험사의 건전성을 지켜 줄 수 있지만, 시장 내 적절한 경쟁은 보험 산업을 발전시키는 좋은 촉진제가 된다. 이를 통해 더 다양한 보험 상품을 개발·출시해 소비자들의 선택권을 넓혀 주고, 높은 수준의 의료를 통해 더 나은 삶을 살도록 도와줄 수 있기 때문이다.

앞서 2015년 금융위원회가 보험 산업에 대한 규제를 사전 규제에서 사후 감독으로 바꿨다. 짐작건대 보험사들의 자유로운 상품 개발 의지를 장려하려는 의도가 아니었을까? 무엇이 더 보험 소비자의 편익을 증대시키는 방향인지 돌아보게 되는 2023년이다. 더 나아지는 2024년을 기대해 본다.

03
투자 상품 트렌드

이종헌

1부

2023년 돌아보기

1. 금리의 르네상스

　수년간 우리는 '저금리 시대의 도래'를 설파해 왔다. 한국에는 더 이상 고금리 상품이 나오지 않는다는 생각이 지배적이었다. 원금이 보장되는 은행 예적금으로는 부자가 될 수 없었다. 혹은 노후를 효과적으로 준비하기 어려우니 원금 보장, 고정금리를 외쳐서는 안 되었다. 실제로 그랬다. IMF 이후 한국의 제1금융권 예적금 금리는 1%대로 수렴하고 있었다. 코로나19가 세계를 휩쓸기 전까지는 말이다.

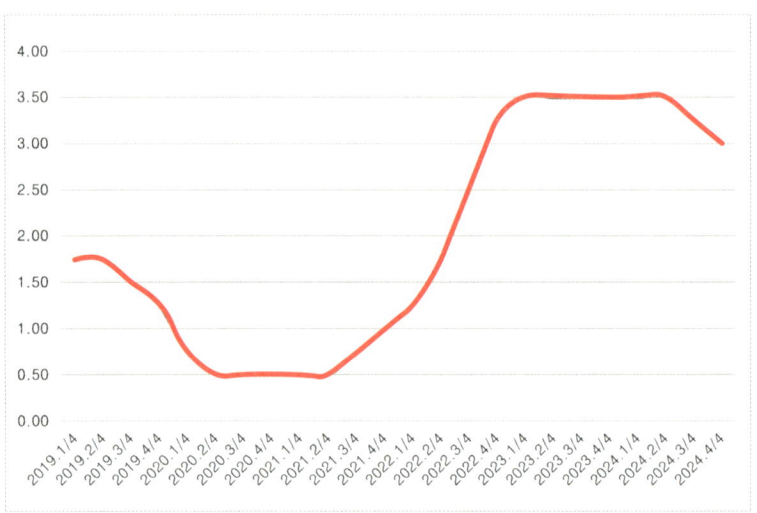

(그림 1) 1% 미만에 머무를 것 같았던 기준금리는 3% 수준에 도달했다.

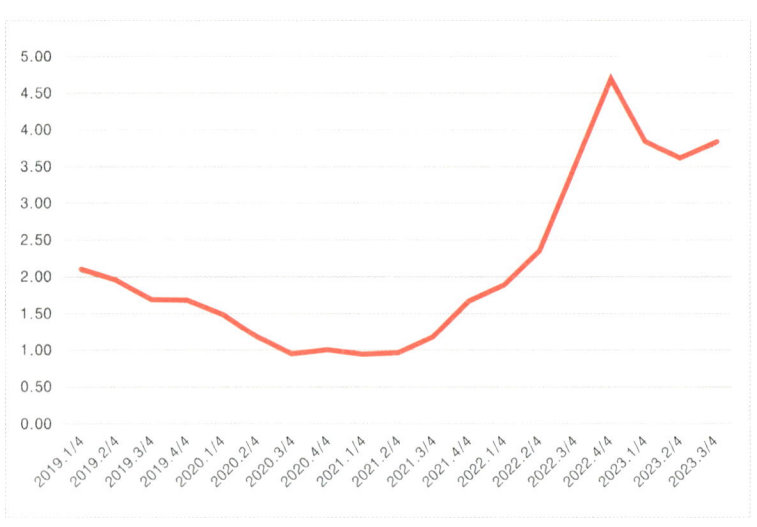

(그림 2) 1년 정기예금 금리. 최대 평균 4.69%까지 올랐다.

돈의 값, 금리는 그 나라의 경제성장률과 밀접한 관계를 가진다. 특별한 일이 없는 한, 은행 예금이나 국가가 발행한 채권 등 위험이 현저히 낮은 투자 상품의 이자율은 그 나라의 경제성장률을 따라간다. 특별한 일이 발생했을 때가 문제다. 물가가 급하게 변화하는 시점이 바로 그때다.

> **금리 = 경제성장률 + 물가상승률**

금리가 결정되는 요인을 매우 단순화해 표현하면 위와 같이 축약된다. 경제가 가파르게 성장하는 나라일수록, 물가가 급하게 오르는 나라일수록 돈의 값은 비싸다. 직관적으로 생각해 보면 이해가 쉽다.

80년대 대한민국은 투자할 곳이 넘쳐 났다. 돈이 갈 곳이 많았다. 공장은 짓기만 해도 100% 가동되었고, 수출 역군은 밤낮을 가리지 않고 기계를 찍어 냈다. 비즈니스를 하려면 돈이 든다. 돈을 필요로 하는 사람이 많아지니 돈값이 높아질 수밖에 없는 것이다.

지금은 다르다. 대박 사업 아이템을 찾아내기란 하늘의 별 따기다. 돈이 필요한 사람이 줄어드니, 돈값이 떨어진다. 즉, 경제성장 속도가 빠를수록(투자할 곳이 많은 나라일수록) 금리는 높다. 물가상승률과 금리가 함께 움직이는 것은 더욱 당연하다. 자장면 값이 매년 5%씩 오른다면 은행에 돈을 맡기는 대가로 5% 정도는 받아야 사람들이 자장면을 안 먹고 저축을 한다.

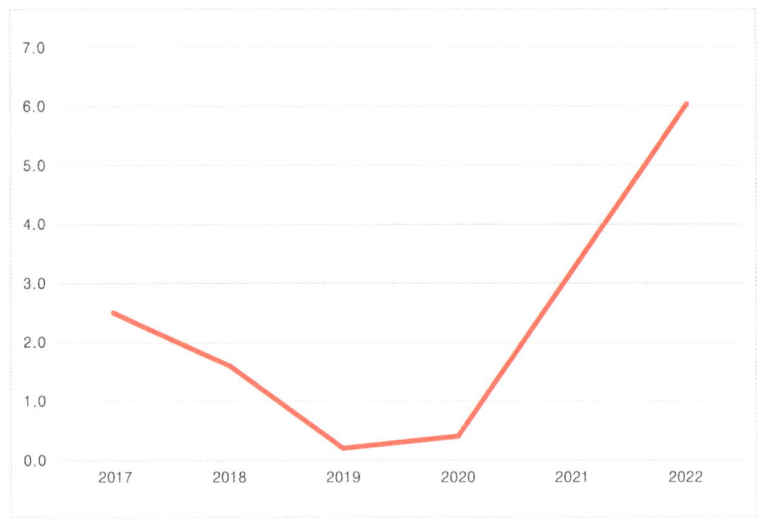

(그림 3) 생활물가 상승률은 2022년 6%에 육박했다.

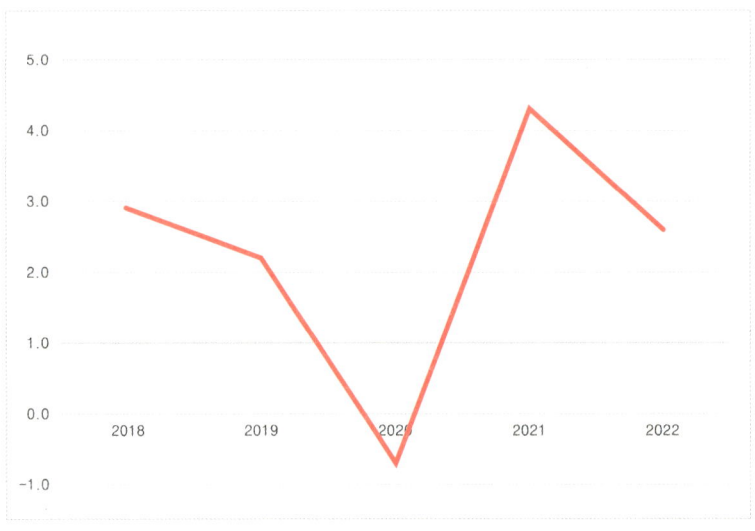

(그림 4) 대한민국 경제성장률. 물가는 오른 반면 경제는 하향세다.

2010년대 후반, 한국은 경제도 물가의 움직임도 재미없는 나라였다. 경제성장률과 물가상승률은 1~2% 수준에서 현재도, 이후에도 머물러 있을 것으로 보였다. 1차 산업이나 제조업에서 새로이 싹트는 동력은 없었고, 금융·서비스 측면에서도 마땅한 특장점이 없었다.

시장의 기대수익은 그에 맞춰 1~2% 수준으로 내려갔고, 특판 상품의 가뭄 속 우리에게는 어찌 보면 기회의 장이 되어 가고 있었다. 노후를 걱정하는 사람이 많아지기 시작했고, 변액연금보험, 연금저축펀드, IRP 등 위험을 감내하더라도 수익을 바라보지 않고서는 고민이 해결될 수 없었기 때문이다.

코로나 시국에 들어서며 판도가 이상하게 흘러가기 시작했다. 돌이켜 보면 2019년과 2023년의 대한민국 경제 상황에는 특별히 달라진 점이 없다. 급변한 것이 있다면 돈의 흐름이다. 세계 각국이 앞다퉈 돈을 뿌렸다.

전염병으로 생산과 소비에 차질이 생겼고, 그대로 두었다간 나라에 망조가 들 것이 자명했기 때문이다. 돈다발을 자본가와 소비자의 지갑 속에 쑤셔 넣어 경제 대공황을 막은 셈이다.

돈을 뿌리면 소비가 늘어나 경기가 호전되는 효과는 있지만, 물가가 오른다는 부작용이 있다. 좌판에 늘어놓을 물건은 정해져 있는데, 사려는 사람이 몰리니 물건값이 오르는 건 당연하다. 물건값뿐 아니라 넘쳐 나는 돈 때문에 인건비도, 자재비도 오르니 거의 모든 영역에서 가격이 오를 수밖에 없었던 것이다.

정리해 보자면 코로나19 대책이었던 대규모 돈 살포 때문에 물가가 올랐고, 그 영향으로 금리가 오르게 되었으니, 평생 1%일 줄 알았던 은행 금리가 5%까지 치솟는 경험을 하게 된 것이다.

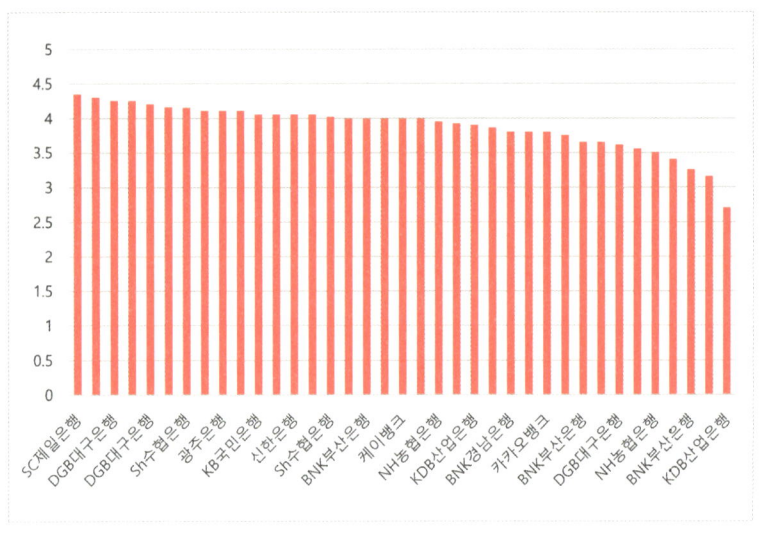

(그림 5) 2023년 10월 28일 기준 시중은행 정기예금 1년물 금리

물가는 이대로 이어질 수 없다. 정확하게 얘기하자면, 모든 현대자본주의 국가는 이 일시적인 상황을 해결하기 위해 물가 안정화 작업에 골몰하고 있다. 물가의 급격한 상승은 경제에 치명적이다.

사람들은 감당할 수 있는, 예상한 만큼의 물가상승이 있을 때 안정적인 소비를 한다. 반면 물건값이 너무 급히 오르면 일단 지갑을 닫는다. 지갑을 닫으면 기업은 어렵다. 기업이 어려우면 해고가 생기고, 경기는 전반적으로 하강한다. 이를 가만히 내버려 두면 빵집에 지폐 다발을 수레로 담고 가야 할 불상사가 생기기 때문에 세계 각국은 전염병의 부작용을 해결하기 위해 지금쯤 머리를 싸매고 있을 것임에 분명하다.

앞서 짚었듯 코로나19 사태를 지나오며 한국 경제가 드라마틱하게 변한 모습은 관찰하기 어렵다. 한국의 경제성장률이 구조적으로 높아질 기회가 새로 생긴 것은 아니기 때문이다. 그렇다면 금리를 결정하는 두 요인 중 물가상승률은 내려올 것이고 경제성장률은 큰 변화가 없을 것이니, 수년 내 한국 금리는 코로나 시국 이전으로 복귀할 가능성이 높다.

문제는 시기다. 금리가 언제 내려올까? 물가를 무작정 틀어막을 순 없다. 적당한 물가상승이 아닌 급격한 하락은 기업으로 하여금 투자와 생산의 유인을 빼앗는다. 물가와 금리가 높은 상태에서 경기 호전을 관찰해 나가며 단계적인 조치, 이를테면 기준금리 인하의 시기를 저울질하게 되는 것이다.

한국은 내수경기 외에 선진국, 그중에서도 주로 미국의 기준금리 추이를 민감하게 관찰하므로 한국의 경기가 호전되고 있거나 미국이 기준금리를 내리기 시작했다면 한국 금리도 따라 내려갈 것이라고 추측하면 된다.

물론 일반적인 원론일 뿐이다. 변액연금보험을 취급하는 영업인이라면 금리 하강 국면에서 주식과 채권 가격이 어떻게 움직일지 공부할 필요가 있다. 금리가 변할 때 가장 영향을 많이 받는 섹터는 채권이기 때문에, 채권형 펀드에 관심을 두기를 권한다.

은행 예적금에 돈이 몰리는 속도가 줄어들고 있는 점도 염두에 둘 필요가 있다. 물가와 금리가 같이 오르는 상황에서 우리 고객들은 5% 예금에 돈을 묶으면서도 그다지 행복한 상태는 아니다. 고객은 노후가 여전히 불안하다. 물가를 이기는 투자, 변액연금보험과 연금저축펀드를 꾸준히 학습시켜 주도록 하자.

2. 가상자산, 거기 서!

이제 비트코인을 사이버머니 취급하던 시대는 갔다. 연예인들은 각종 매체에서 '코인' 투자 사실을 공공연히 밝히고 있다. 기분

탓인지 모르겠으나, 술자리에서 주식 투자 이야기보다 가상자산 투자 경험이 들리는 경우가 더 많은 것 같다.

"코인 한다." "주식 한다."
굳이 '투자한다'고 안 하는 걸 보면 둘 다 별로 투자로 취급받지 못하는 것 같기도 하다.

가만 보면 주식과 가상자산에 차이가 없는 것 같다. 주식도 본 적 없는 종잇조각에 불과하다. 기업이 돈을 잘 벌어, 그 결과 배당을 하면 주식 가치가 높아진다. 하지만 삼성전자가 수조 원을 벌었다 해도 내 손에 들어오는 배당은 아무리 비율이 작다 치더라도 의미가 적다.

이익이 커진다고 해서 주가가 오른다는 보장도 없다. 기업 가치의 크기와 주식 가치가 일치하지 않는 경우가 많다는 얘기다. 물론 그 차이가 클 때 주식을 사 뒀다가 오를 때 팔면 되겠지만, 그마저도 소식을 들은 누군가가 몰려들어 주가를 올렸을 때나 통하는 말이다.

그런 의미에선 가상자산이 이상한 투자로 취급받을 이유가 없다. 가상자산이나 주식이나, 미래에 어떤 가치가 있을 것이라는 소문이 퍼져 사람들이 들러붙어야 가격이 오른다는 측면에서 둘은 매우 비슷하다. 주식 좀 안다고 코인 투자하는 사람 너무 몰아붙이지 말라는 얘기다. 나는 코인 안 한다. 편 드는 것 아니다.

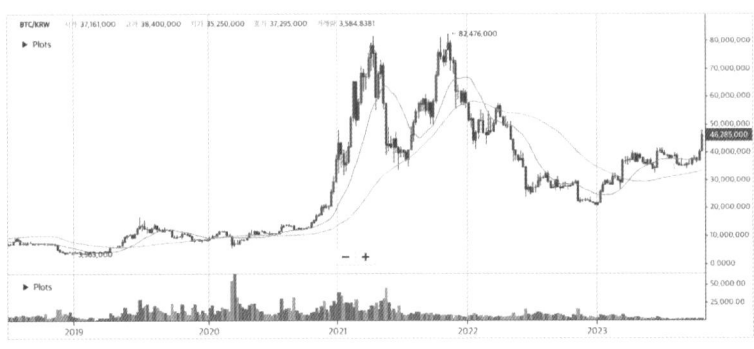

(그림 6) 비트코인 가격 추이
출처: 코인원

문제는 가격 변화에 베팅하는 불나방들의 손익이 시장을 바라보는 국가들의 매서운 칼날에 달려 있다는 점이다. 가상자산의 가치는 각 자산이 시장에서 유의미한 위치를 잡을 수 있느냐에 따라 달라진다.

초반에는 법정화폐를 대체할 새로운 돈이 될 것이라는 기대감이 그 가치를 끌어올렸다. 외국으로 돈을 보낼 때 비싼 송금수수료를 부담하거나 환전 절차를 거치지 않아도 된다는 점이 크게 부각되었다. 거래에 익명성이 보장되다 보니 세금 등에서 자유롭다는 점도 매력이다. 이런 '탈중앙성'과 '익명성' 덕분에 가상자산은 크게 주목받았다. 최근에도 그 기조는 유효해 보인다. 허나 앞서 얘기한 전제가 훼손될 때 가상자산의 가치는 크게 떨어지곤 했다.

세계 각국의 정부와 중앙은행은 익명성과 탈중앙성을 좌시할 수 없다. 당연하다. 자본주의 경제를 지탱하는 두 축은 정부의 지출 통제와 돈의 공급이다. 돈의 공급을 조절하면서 경제가 계획대로 굴러가도록 통제하는 것이 어찌 보면 자본주의 국가의 가장 큰 역할이다. 동시에 체제 생존을 위한 필수 요소다.

가상자산이 그 자리를 대체해 나갈수록 국가 존립은 위협받게 된다. 그 외에도 가장 우려스러운 점은 범죄에 활용되기 좋은 수단이라는 특성이다. 마약 등 범죄의 대가로 가상자산이 이용되는 것은 이미 흔한 일이 되었다.

(그림 7) 각종 규제에 직면한 북한은 가상자산을 활용하는 것으로 보인다.

'익명성'은 확실히 옥죄어지고 있다. 세계 주요국들은 가상자산 거래 시 금융거래에 준하는 수준으로 거래 내역을 기록, 관리, 보고하도록 규정하기 시작했다.

한국은 가상자산 거래, 지갑 사업을 할 때 감독당국의 승인을 받도록 하고 있으며, 이용자도 본인 실명에 근거해 거래하도록 제도화한 바 있다. 이미 한국은 누가 가상자산을 사고파는지, 누구에게 보냈는지를 추적할 수 있는 통제된 시장에 들어섰다.

'탈중앙성'은 아직 게임이 끝나지 않은 것으로 보인다. 중요한 점은 달러 등 세계 주요 법정화폐, 즉 기축통화가 그 패권을 유지할 수 있느냐. 가상자산 가격 상승을 주장하는 측에서는 달러패권이 망가지고 있고, 그로 인해 세계 통화 시장의 시스템은 불안정해질 것이며, 그 자리를 블록체인 기반의 토큰이 대체할 것이라는 논리를 내세우고 있다.

쉽게 얘기하면 이미 세계적으로 돈이 안전하고 자유롭게 이동할 수 있는 기술적인 환경은 만들어져 있으니, 현재 세상을 장악하고 있는 시스템이 무너질 때 화폐의 생태계가 바뀔 것이라는 뜻이다. 문제는 화폐로서의 가치를 깎아내리려는 정부의 통제다. 화폐로서 작용할 수 없도록 하는 여러 조치들은 그 의도를 명확히 드러내고 있다.

美 금융당국, 리플 경영진 소송 취하…가상자산 규제 완화 기대

관련이슈   디지털기획

미국 증권거래위원회(SEC)가 가상자산 리플 경영진에 대한 소송을 취하했다. 이에 따라 SEC가 비트코인을 제외한 가상자산을 미등록 증권으로 분류해 규제하는 현 기조에도 변화가 생길지 투자자들의 기대가 커지고 있다.

20일 가상자산 분석업체 코인마켓캡에 따르면 리플 가격은 이날 오후 6시 기준 전일 대비 7.23% 상승한 695.85원을 기록했다. SEC가 19일(현지시간) 브래드 갈링하우스 리플 최고경영자(CEO)와 크리스 라슨 공동창업자에 대한 소송의 기각을 요청했다는 소식이 알려지며 리플 가격은 상승세를 보였다.

(그림 8) 가상자산이 '증권'이 되면 각종 규제 안으로 들어온다. 순탄치 않아 보인다.

		글로벌 가상자산 규제 동향
미국	2022년 3월	조 바이든 대통령 디지털자산 위험 방지 위한 행정명령 미국 연방 차원 디지털자산 규제 논의 시작
	6월	미국 상원 '책임 있는 금융혁신 법안' 발의
유럽연합 (EU)	2020년 9월	유럽집행위원회(EC), 가상자산 기본법 'MiCA' 제안
	2022년 6월	EU 이사회, 의회 MiCA 입법 방향 잠정 합의. 이르면 2024년 시행
중국	2017년 9월	코인공개(ICO) 금지, 거래소 폐쇄
일본	2022년 6월	스테이블코인 유통, 발행자 역할 구분하는 '자금결제에 관한 법률' 개정안 국회 통과

[자료=국회 정무위원회]

(그림 9) 세계 각국의 가상자산 규제들

　사실 다소 먼 나라 이야기다. 주위에는 앞서 말한 것과 같은 큰 비전에 감명받아 가상자산을 사고팔기보다는 '오르겠는데?' 하며 단기 시세차익을 얻기 위한 투자가 대부분이다. 주식과 똑같다.

　일례로 가상자산 거래소 이용자 중 대부분이 주식거래를 해본 적 있는 사람들이다. 이러저러한 설명보다 내일, 다음 달 비트코인 가격이 얼마일지를 궁금해하는 금융소비자가 대부분이다.

　주식과 다르게 가상자산은 비트코인, 이더리움을 필두로 글로벌 시장에서 동시에 거래되는 자산이다. 한국 주식은 천만 명이 거래한다지만, 가상자산은 그보다 몇 배 많은 사람들이 거래하고 있다. 그러다 보니 세계에서 생겨나는 각양각색의 소식에 따라 가격이 매우 민감하게 움직인다.

　최근에는 2024년 4월에 반감기(비트코인 채굴량은 특정 주기로 줄어들며 이를 반감기라 한다)가 도래할 것이므로 공급은 축소될 것이고, 가격은 오를 것이라는 이야기가 많이 들린다. 공신력 있는 기관에서도 비트코인 10만 달러설 등을 발표하는 것으로 볼 때 이미 이 자산은 투자 시장에 깊숙이 들어와 있는 하나의 칩(chip)이 되었다고 보는 것이 맞다.

　금융 영업인으로서 가상자산은 고객과 이야기 나눌 만한 훌륭한 소재는 아니다. 그도 그럴 것이 다른 투자 상품처럼 우리가 개입해 고객에게 투자를 자문할 수 있는 시스템도 없다. 다만 미국에서 가상자산의 시세를 추종하는 ETF가 출시 준비에 들어갔다거나, 최근 비트코인 가격이 다시 오르고 있다는 등의 뉴스에는 귀를 열어 놓자. 주식을 거래하는 고객과 소소한 이야깃거리로 나누기에는 충분한 소재일 것이다.

3. 초대형 주가조작, 내가 아는 그 주식이 50만 원?

　2023년 투자 시장을 뜨겁게 달궜던 이슈 중 하나는 모 증권사발 폭락 사태다. 2023년 4월 24일, 들으면 누구나 알 만한 종목들이 일시에 하한가를 기록했다. 이날 이후 사흘간 이들 종목의 시가총액이 무려 8조 원가량 증발하며 수많은 투자자를 고통스럽게 했다.

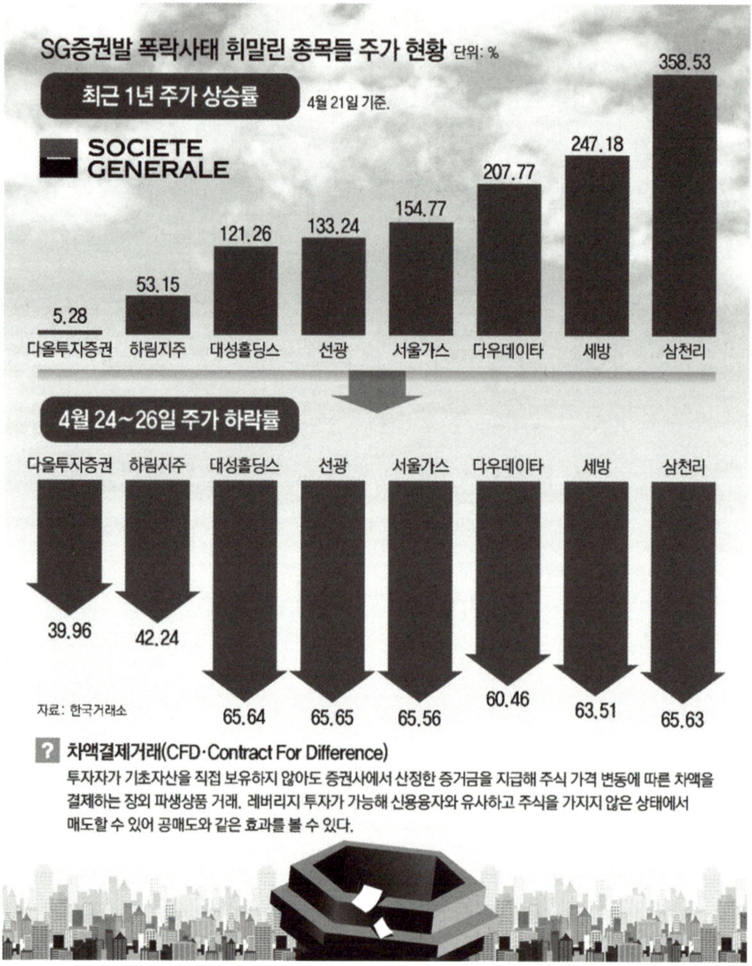

(그림 10) 주요 종목 등락 추이[1]

1 동아일보, "주가조작 의혹 8개 종목 연사흘 최대 66% 폭락… 檢, 10명 出禁", 2023. 04. 27.

문제는 쏟아져 나온 매물들이 특정 증권사에서 나왔다는 점이다. 한 번도 들어 본 적 없던, 외국계로 분류되는 생소한 증권사가 거래원으로 등장하자 외국인의 갑작스러운 투매로 비춰져 투자자들과 언론의 집중포화를 받았다. 이례적으로 나흘이 지난 4월 27일 감독당국은 이 증권사를 압수수색 하기에 이른다.

압수수색 결과가 발표되며 화살은 차액결제 거래제도(Contract For Difference, CFD)로 옮겨 갔다. 외국계 증권사가 범죄를 저지른 것이 아니라, 주가조작 일당이 CFD 거래를 이용했고, 그 창구로 해당 증권사가 이용되었을 뿐이다.

CFD는 적은 돈으로 더 많은 주식을 사는 효과를 만들어 낼 수 있는 레버리지 상품이다. 예를 들어 10만 원짜리 주식을 살 때 일반적으로는 10만 원의 현금을 내거나 신용 대출을 통해 자금을 마련해야 한다면, CFD 계좌를 이용했을 때는 같은 돈으로 종목에 따라 최대 10배 더 많은 주식을 사는 효과를 만들어 낼 수 있다.

이 방식을 통해 투자자가 산 주식의 가격이 오르면 증권사는 투자자에게 돈을 줘야 하는데, 그 위험을 낮출 수 있는 일종의 보험(TRS, Total return swap) 계약을 외국계 증권사와 맺게 된다. 단순히 말하면 CFD 거래는 사실상 투자자가 외국계 증권사와 하는 거래인 셈이다.

원체 대중적이지 않은 금융 상품이다 보니 여론은 CFD를 악마 취급하기 시작했다. 이 위험한 상품을 규제하지 않아 폭락을 방조했다는 책임론까지 불거졌다. 하지만 실상을 보면 다소 의아하다.

CFD는 거액 자산가들만 거래가 가능한 레버리지 상품이다. CFD를 거래하려면 금융 상품에 넣어 둔 돈이 5천만 원 이상이거나 억대 연봉인 사람, 자산이 5억 원 이상인 '전문 투자자'여야 한다. 보호받아야 할 금융 서민이 누군가의 꾐에 의해 무턱대고 투자했다 손해를 보기는 어렵다는 뜻이다. 시일이 지나며 이 책임론은 다소 사그라드는 듯 보였다.

아직 수사와 재판이 진행 중이긴 하나, 언론을 통해 알려진 바에 따르면 특정 주가조작을 의도한 세력이 이번 사태를 만들어 낸 것으로 보이는데, 수사 과정에서 여러 촌극이 일어나기도 했다. 유명 연예인의 이름이 거론되며 숱한 '밈'을 만들어 내기도 했고, 중견기업의 총수가 주가 폭락 전 자신의 주식을 대거 판매한 것이 문제가 되어 전격 사퇴하는 촌극이 벌어지기도 했다.

지금까지 드러난 바에 따르면 주가조작 세력은 매우 과감하게 행동했다. 모집책을 두고 본인들의 그룹으로 새로운 자본가를 섭외해 왔고, 그 대가로 투자금 일부를 지급했다. 투자자들은 신분증과 계좌를 맡겨 거래를 불법 일임했으며, 작전세력은 그 계좌를 활용해 4~5년이라는 아주 오랜 기간 동안 주가를 차분히 올려 왔던 것으로 보인다.

언제부터 조작이 시작되었는지 아직 확신할 수는 없다. 하지만 2021년 말 8만 원 후반대였던 삼천리의 주가는 폭락 발생 전날까지 524,000원으로 6배 넘게 상승했다. 2020년 말 10만 원을 넘지 못했던 서울가스의 주가는 5배 이상 높은 504,000원까지 올랐다.

　이들 종목의 특징은 적은 거래량이다. 누구나 알 만큼 역사가 긴 기업들이지만, 업계 성장성이나 대주주 지분율로 인해 거래가 많지 않은 종목이다. 장 시작과 동시에 시가가 형성되어 호가창에서 매수, 매도주문이 왔다 갔다 번쩍거리며 움직이는 것이 우리가 아는 일상적인 주식이라면, 그간 이들 종목의 호가창을 보고 있노라면 내가 주식 시장에 들어와 있는지, 장이 시작했는지 헷갈리게 되는 경우도 없지 않다.

　장 시작 후에도 시가가 형성되지 않고 수분을 넘기는 경우도 있을 정도다. 그러다 보니 가치주, 자산주, 소외주 등으로 분류되는 이들 종목은 외부 세력에 취약하다. 매우 큰 규모의 자금을 가진 세력이 있다면, 1번 계좌로 높은 가격에 매도주문을 낸 후 2번 계좌로 그 주식을 사는 형태로 꾸준히 시세를 높일 수가 있다.

　조작 세력에게 CFD가 유용한 수단이었던 이유에는 익명성도 있었을 것이다. 이 상품은 주식가격 변동의 효과는 투자자에게 귀속되지만, 실제 거래 주체는 증권사가 된다. 내가 CFD를 거래하고 가격 변동의 주인이 되는 것은 맞지만, 그 권리를 내가 지니고 있다는 사실은 공개되지 않는다.

이번처럼 대형 사건으로 수많은 사람의 눈이 쏠리고 감독당국의 칼날이 향하지 않는다면 불순한 의도가 발각될 가능성이 다소간 낮아질 수밖에 없다. 영국은 이런 CFD의 부작용을 방지하기 위해 CFD 보유 현황 등을 공시하게끔 하고 있으며, 미국은 아예 개인 거래를 불가능하게 해 두었다.

의문스러운 부분은 갑작스럽게 폭락한 이유다. 단순히 생각해 보면 당연한 결과로도 볼 수 있다. 돈을 모은 세력 몇몇이 짬짜미해 주가를 차근차근 올려 가는 이 동맹은 매우 깨지기 쉽다. 서로 '팔지 말자'고 약속했겠지만, 먼저 팔고 나오는 사람이 가장 많이 번 사람이 될 가능성이 높다.

어떤 이유에서인지 그간의 시나리오와 다르게 '팔자' 물량이 대거 시장에 나왔고, 주가는 '특이점'까지 내려갔다. 초레버리지 상품인 CFD는 주가가 특정 가격 아래로 내려가면 즉시 반대매매가 출회된다. 증권사가 손해를 막기 위해 투자자의 잔고를 시장에 내다 팔아 버리는 것이다.

이 특이점을 터치하는 순간, 거래량이 없어 쉽게 올라만 가던 주가는 매도 물량을 받아 주는 시장의 도움을 받지 못하고 맥없이 주저앉게 된다. 이번 사태의 주동자로 불리는 이는 그래서인지 본인의 형사재판 중에도 폭락 며칠 전 특정 종목을 대거 넘긴 대주주를 대상으로 민사소송을 제기한 바 있다.

이번 사태는 주식 시장에서 소외되었다고는 해도 누구나 알 만한 기업들이 사건에 연루되었다는 점에서 시중의 이목을 더욱 집중시켰다. 더욱이 나름 잘사는 나라, 금융거래가 투명한 나라라고 생각했던 투자자들로 하여금 우리나라에서도 여전히 대규모 주가조작이 일어날 수 있다고 생각하게 만든 점 역시 충격으로 작용했다.

사후 약방문이지만, 이번 사태의 발생이 임박할 때 즈음하여 증권가에 있는 전문가들, 더러는 일부 유튜버들이 우려의 목소리를 냈던 모양이다. 자본 시장은 수없이 많은 경제주체가 모세혈관처럼 게임장 곳곳에 포진해 있어야만 건강할 수 있는 살아 움직이는 유기체와 같다. 아직 한국 금융 시장은 "나 다 컸소."라고 할 만큼 성숙했다고 보기에는 역사와 규모가 선진국에 비해 여전히 부족하다.

이 순간에도 어디에선가 검은손이 금융 서민들의 계좌를 노리고 있을지 모를 일이다. 이상하다고 생각될 때가 정말 이상할 때다. 주위 누군가가 설명할 수 없는 이상한 일로 돈을 벌고 있을 때, 그 소문을 듣고 나에게 달려오는 금융소비자에게 "한 번 더 생각해 봐요, 이상하잖아요."라고 얘기해 줄 수 있는 당신이 되길 바라본다.

4. 연금, 이제는 때가 왔다

연금 시장의 움직임이 심상찮다. 여전히 연금 적립액 중 국민연금이 대부분을 차지하고 있지만, 정부와 금융투자업계가 각고로 노력한 끝에 퇴직연금을 필두로 연금 자산이 급격한 속도로 늘어나고 있다.

한국투자신탁운용에 따르면 2016년 147조 원에 불과하던 퇴직연금 적립금은 2022년 말 기준 336조 원으로 약 2.3배 늘어났다. 개인연금저축 역시 상승세가 가파르다. 금융감독원에 따르면 2015년 말 108조 원이었던 세제 적격(세액공제가 가능한 상품) 연금저축 규모는 2021년 160조 원으로 50%가량 증가했다.

개인연금저축 적립금은 보험이 여전히 높은 지위를 유지하는 가운데, 펀드의 약진이 눈에 띈다. 2015년 말 약 9조 원에 불과하던 연금저축펀드 적립금은 2021년 말 24조 원으로 3배 가까이 증가했다.

계약 건수는 더욱 두드러진다. 2020년 약 140만 건이던 연금저축펀드 가입 건수는 2021년 303만 건으로 늘어난 반면, 연금저축보험은 2016년 이래로 계속 줄어들었다. 그 결과 2021년에는 전년보다 약 15만 건 줄어든 455만 건을 기록했다.

시기상 2020년 이후는 금리는 낮고, 투자 시장은 성과가 좋았던 시기다. 시장의 투자심리가 최근의 투자 성과를 뒤따르는 경우가 많았다고 볼 수 있어 조금은 더 지켜봐야 할 것이긴 하나, 과거 수년간과 비교할 때 변화 폭이 매우 크다는 점은 주목할 만하다.

정부와 금융당국은 국민들의 노후를 여전히 걱정하고 있다. 비단 당국의 문제만이 아니다. 내 집 마련에 드는 돈이 몇 년 새 급격히 커지면서 노후 빈곤은 더욱 빠르게 현실로 다가오고 있다. 집 있는 사람은 깔고 앉은 집값이 떨어지지 않을까 노심초사하고, 집 없는 이는 대부분의 소득을 이자와 월세로 내보내고 있다.

이런 걱정에 부응하듯 당국은 개인연금 장려를 위해 여러 정책을 수년간 쏟아 내고 있다. 13월의 월급이 대표적이다. 2023년부터 IRP와 개인연금저축의 세액공제 한도를 대폭 상향했다. 당초 납입액 400만 원까지 세액을 공제해 최대 66만 원의 절세가 가능했다면, 2023년부터는 세액공제 대상 납입액이 200만 원 늘어난 600만 원이 되어 99만 원의 세액공제 효과를 누릴 수 있다.

IRP 역시 세액공제 대상 납입금액이 당초 개인연금저축 납입액 합산 600만 원에서 900만 원으로 300만 원 늘어났다. 결과적으로 연금저축과 IRP를 통한 세액공제 가능 금액은 최대 148만 5천 원까지 증가했다.

개인연금 절세 효과

구분	납입 형태별 세액공제 한도			합계	공제세액 (지방세 포함 공제율)
종합소득금액 기준 (총급여액 기준)	연금저축+IRP 함께 납입		IRP만 납입		
	연금저축	IRP			
4,500만 원 이하 (5,500만 원 이하)	600만 원	300만 원	900만 원	900만 원	148만 5,000원 (16.5%)
4,500만 원 초과 (5,500만 원 초과)	600만 원	300만 원			118만 8,000원 (13.2%)

(그림 11) 개정 세법상 소득공제 가능 금액

    개인연금저축 가입은 오로지 개인이 선택할 사항이다. 높아진 세제 혜택은 연말정산 환급을 노리는 이들을 타깃으로 아주 잘 작동할 가능성이 높은 반면, 저축 가능액이 부족하거나 금융에서 소외된 서민들의 발을 떼게 하기는 여전히 어렵다.

    반면 퇴직연금 시장은 넛지(Nudge)가 가능하다. 정부는 수년간 각 사업자에게 근로소득자를 위한 퇴직연금제도를 도입하라고 독려해 왔다. 대기업과 중견기업에서 1년 이상 일한 근로자들은 DB형과 DC형 중 선택해 퇴직연금을 가입해야 하고, 퇴직 시 IRP 계좌로 적립된 퇴직금을 이체하도록 하고 있다.

    사실 2022년부터 종업원이 10명 미만인 사업장도 퇴직연금제도 의무 도입 대상이므로 지금쯤 대부분의 회사 근로자는 퇴직연금제도에 가입되어 있어야 한다. 하지만 이 법을 따르지 않았을 때의 과태료 부과 규정이 입법 과정에서 탈락됐다. 그래서 여전히 영세기업 근로자는 퇴직연금제도를 구경하지 못하고 있을 공산이 크다.

문제가 많았던 연금소득세도 다행히 작게나마 활로가 열리기 시작했다. 당초 연금으로 일 년 동안 1,200만 원 이상 받아 간 사람은 연금을 다른 소득과 합해 종합소득세를 계산해야 했기에 노후에 다른 소득이 생기면 과중한 세금을 부담할 우려가 있었다. 올해부터는 분리과세를 선택할 수 있다. 1,200만 원이 넘지만 종합소득세로 내는 것이 불리하다면 분리과세를 신청해 16.5%의 세금만 부담하게 된다.

고령인구가 많아지며 즉시연금과 IRP를 활용하려는 시도들도 눈에 띈다. 특히 최근의 부동산 시장 상승으로 발생한 차익을 즉시연금으로 전환하거나, 연간 1,800만 원 납입 한도에 맞춰 곧 다가올 은퇴를 대비하는 시장은 점차 커질 것으로 예상된다. 변액연금 역시 얼마 남지 않은 기회의 땅이 되었다. 글로벌 주식 시장의 호황기 변액연금의 과거 성과가 그간의 세일즈 포인트였다면, 최근에는 높아진 금리로 생겨난 고이율 보증 상품을 적극 활용할 필요가 있다.

앞에서 살펴보았듯 언제일지 특정할 수 없지만, 금리는 다시 내려간다. 중요한 사실은 고객들도 학습되어 있다는 점이다. 저금리를 살아 본 이들은 곧 이자율이 다시 내려가리라는 사실을 어렴

풋하게나마 인지하고 있다.

　연금저축보험이 압도하는 시장에서 펀드를 부각시키려는 노력은 투자 시장 전반에서 여전히 시도되고 있다. 자산운용사는 연금 관리를 어려워하는 금융 영업인과 투자자를 위해 TDF(Target Date Fund)를 출시, 판촉에 나서고 있다. 연금 상품을 무기로 투자권유대행인 영업을 하는 관리자들은 직접 공부하거나 사비를 들여 연금 포트폴리오를 구해 고객 자산을 관리하고 있다.

　2021년까지는 투자 시장의 호황기였으므로 준비된 영업인에게는 기회의 시장이었다. 하지만 불행히도 코로나 사태로 시작된 유동성 장세가 끝난 후부터는 성과관리에 다소 스트레스가 있을 것이다.

　그럼에도 불구하고 연금에 대한 시장 인식이 눈에 띄게 변화하고 있는 것이 느껴진다. 집 마련이 어려워 결혼을 뒤로 미룬 젊은 세대도 연금에는 지대한 관심을 보인다. 집을 못 살 뿐이지 벌이는 매우 넉넉하다. 세금에는 매우 민감하다. 미혼이고 자녀가 없어 세액공제를 받을 기회가 부족하기 때문이다.

　모든 적립금을 MMF에 던져 넣을지언정 남는 돈을 IRP에 집어 넣는 것을 꺼리지 않는다. 5년 전에는 후배들이 찾아와 연금저축보험과 펀드의 차이를 물었다. 그런데 최근에는 어떤 TDF에 투자해야 하는지, 연금저축계좌에서 어떤 ETF를 사야 하는지를 궁금해할 정도로 주변의 학습 수준이 매우 높아져 있음을 체감한다.

연금 시장은 정책 환경이나 사회의 관심도 등에 비추어 볼 때 성장할 수밖에 없고, 그 성장의 크기가 매우 큰 것이 자명하다. 2023년 성적표는 다소 초라할 수 있으나, 세제 적격·비적격을 불문하고 그간 쌓아 왔듯 새해에도 계속 쌓아 나가자.

금융 상품 영업은 내공과 끈기가 성패를 결정한다. 관리가 어렵다면 불리오 퇴직연금 등 로보 어드바이저가 자동으로 관리해 주는 상품이나, 고객의 퇴직 연도에 맞춰 자동으로 자산을 배분해 주는 TDF, 최근 도입된 디폴트옵션 등 여러 대안을 이용해 세일즈를 시도해 볼 것을 권한다.

2부

2024년 미리보기

1. 공모주 '따상'은 옛말, 첫날 400%?

몇 년 새 시대가 많이 변했다. 볼펜과 종이 보기가 힘들어졌다. 몇 해 전만 해도 사무실 책상 구석에는 필통이 있었고, 노란색과 핑크색 형광펜, 샤프, 막 쓸 볼펜이 있었다. 결재를 받으러 가면 어느 부장님은 가끔 거드름을 피우며 만년필을 꺼내곤 했다.

요즈음의 사무직 종사자들, 신생 기업의 사원들은 펜 들 일이 잘 없다. '결재를 바랍니다' 판을 들고 다닐 일 없이 전자결재로 모든 기안을 해치운다. 인쇄도 잘 안 한다. 젊은 기업일수록 복합기가 조용하다. 2030세대는 문서를 인쇄해 펜을 들고 자리로 들어가는 우리를 신기하게 보기 일쑤다.

투자 시장도 매우 빠른 속도로 변했다. 증권사 영업점에 가서 형광펜으로 칠해진 서류에 이름과 서명을 무지성으로 채워 내던 시기는 지났다. 신분증 하나로 계좌를 만들 수 있다. 차장, 부장급 간부들도 1원 이체 인증 정도는 능숙히 해내는 시대다. 더 이상 주식거래를 위해 은행에 가서 "OO증권 계좌 만들어 주세요."라고 하는 시대가 아니다. 집 밖에서 이루어지던 계좌 만들기, 주식 투자 하기는 비대면 계좌 개설이 도입된 이후 손안으로 들어왔다.

대중화될수록, 비법을 아는 사람이 많아질수록 과실은 줄어든다. 공모주 시장이 그렇게 변했다. 일반 주식에 비해 상대적으로 승률이 높은 공모주는 과거 돈 많은 사람의 전유물이었다. 청약에 거는 돈이 많을수록 주식을 더 많이 받는 구조였기 때문이다.

이를테면 어느 유망 기업의 새 주식 100개가 공모로 풀릴 때, 참가자가 9억을 낸 사람과 1억을 낸 사람 둘뿐이라면 돈이 많은 이는 90주를, 그렇지 않은 참가자는 10주를 받는 구조였다.

『금융 영업 트렌드 2021』에서 짚었듯이 현금 다발을 들고 다니는 공모주 아주머니들이 독주하던 시장은 이제 반절은 대중에게 넘어갔다. '균등하게 배분하라'는 규정을 따라야 하기 때문이다. 이 정책은 비대면 거래 허용과 함께 공모 시장에 지대한 영향을 끼

쳤다.

　유가증권 시장, 코스닥 시장에 기업을 공개해 새 주식을 발행하려는 기업은 예정된 발행 총주식 중 절반 이상을 '균등 배정'해야 한다. 시장에 풀리는 주식 수가 1만 주라면 5천 주는 공모에 참여한 사람들에게 균등하게 나눠 줘야 한다는 얘기다. 청약한 사람이 천 명이라면 5주씩을, 5천 명이라면 1주씩, 1만 명이라면 둘 중 한 명에게 주식을 줘야 한다.

　증권사별로 규정해 둔 최소 청약증거금만 넣어 두면 되기 때문에 과거처럼 큰돈을 넣을 필요도 없어졌다. 돈 있는 투자자들의 잔치가 아닌 대학생, 사회 초년생, 심지어 중고등학생도 소소한 용돈벌이를 노릴 수 있는 시장으로 변한 것이다.

　2021년 하반기 시행된 이 제도는 공교롭게도 역대급 공모 시장의 끝자락을 화려하게 장식했다. 대형 그룹 계열사 등 시장의 지대한 관심을 받던 회사의 주식 1주를 받기 위해 너도나도 증권 계좌에 하루치 술값을 던져 넣었다. 유동성이 이끄는 주식 시장의 호황과 함께 공모 시장도 유례없는 기록을 냈다.

　2021년 기업들이 공모로 모집한 금액은 약 19조 7천억 원으로, 2020년 약 4조 5천억 원에 비해 4배 이상 늘어났다. 아쉽게도 흥행은 오래가지 못했다. LG 에너지솔루션을 마지막으로 시황은 급격히 뒤돌아섰다. 시장 분위기가 좋을 때 기업을 공개해야만 지분율을 최대한 지키면서 더 많은 돈을 조달할 수 있는 법이다. 나빠진 시장 상황 탓에 공개가 예고되었던 여러 기업이 상장을 연기할 수밖에 없었다.

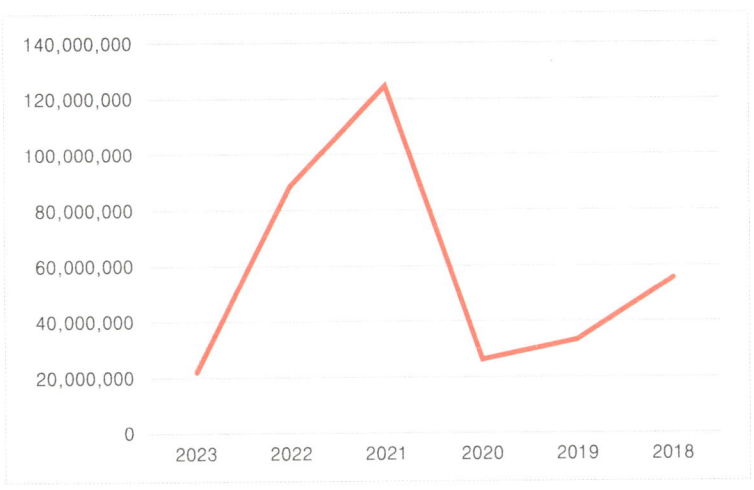

(그림 12) 연도별 상장시가총액 추이

기업공개에 누구나 참여할 수 있도록 한 2021년의 조치에 이어 2023년 6월 말부터는 '따상'이라는 단어가 없어졌다. 상장 첫날의 가격 제한폭이 넓어진 것이다. 따상이란 '더블 후 상한가'의 축약형이다. 상장한 날 공모가격의 2배로 시작 가격이 형성된 후 그날 바로 상한가로 장 마감을 맞이하는 것을 뜻한다.

2023년 6월 26일 이전의 규칙에 따르면, 청약에 참여한 종목이 상장했을 때 한 주당 벌 수 있는 최대수익률은 160%였다. 상장 당일 공모가가 1만 원인 주식을 사려는 사람이 넘쳐 나면, 장이 열릴 때 최대 2만 원까지 시초가가 오를 수 있고, 이후 상한가로 직행하면 2만 원의 130%인 2만 6천 원이 될 수 있었기 때문이다.

금융당국은 시장을 조금 더 효율화할 수 있다고 판단한 것으로 보인다. 이제는 공모가가 1만 원이었다면 시초가 여부에 관계없이 첫날 상한가가 130%가 아닌 2배, 4만 원이 될 수 있다. 최대 수익률이 160%가 아닌 300%가 될 수 있는 것이다. 이제 따상은 옛말이고 '따따블'을 노릴 수 있는 셈이다.

업계는 대체적으로 환영하는 분위기다. 불이 붙었을 때 더 활활 타오르는 것이 단기적인 주식 시장에서의 섭리요, '불타기' 참여자들의 심리다. 생각이 깊어질수록, 생각할 시간이 길어질수록 시장은 차가워지기 마련이다. 첫날 2.6배가 되고 이튿날 30%가 더 오르는 것보다 상장한 날 4배가 될 수 있다면 시장은 조금 더 공격적으로 움직일 가능성이 높다.

기업 입장에서는 같은 값이면 더 많은 돈을 받을 수 있을 때 상장하기를 희망한다. 하지만 상장할 수 있는 최적의 타이밍, 이를테면 매출이 최고조에 이르렀거나 신사업이 본격 이익 궤도에 들어가는 등 기업의 예상 가치를 최고로 만들 수 있는 시점은 마음대로 조절할 수 없다. 즉, 시장 좋을 때 제값 받고 기업을 공개하고 싶다고 무작정 상장 시기를 미루기는 어렵다는 말이다.

시장에서 가치를 인정받는 기업은 시장 상황에 관계없이 상장된다. 그러다 보니 최근 공모주 시장은 '상대적 불황'으로 비춰질

뿐이지 시장의 불꽃은 꺼진 적이 없었다.

수익을 원하는 투자자 입장에서는 오히려 이 상대적 불황이 반갑다. 기업들은 흥행을 위해 비싼 공모가격을 써낼 수 없다. 기업 가치가 같다면 2021년 상반기의 공모가보다 2024년의 공모가가 낮을 수밖에 없다. 즉, 투자자는 더 싼 가격으로 그 기업의 주식을 받을 수 있는 셈이다.

물론 시황이 좋지 않을 때 배정받은 주식은 상장 후에도 가격이 좋지 않을 수 있지만, 실제 숫자를 보면 얘기가 다르다. 보도에 따르면 2023년 상반기 공모주의 상장 첫날 시초가는 공모가 대비 172%로 역대 최고 수준이다.

역대급 호황이었다는 2021년은 지금으로부터 고작 3년 전이다. 지금은 돈을 다른 곳에 두거나 숨기고 있지만, 투자를 처음 시작하는 혹은 금융투자를 하고 싶지만 막연한 두려움을 가진 금융소비자들은 아직 뜨거웠던 공모주의 기억을 잊지 않았을 가능성이 높다.

이들을 대하는 우리도 2024년 공모주 시장을 잘 지켜볼 필요가 있다. 중요한 것은 공모주를 보는 눈이다. 주가가 오를 확률이 높은 공모주, 많은 사람이 오를 것이라고 생각해 상장 첫날 돈이 몰리는 공모주는 어떤 특징을 가지고 있을까?

첫째, 기관 경쟁률이 높을수록 좋다. 기업공개 시 주식은 개인뿐 아니라 기관, 즉 엄청난 자금력을 보유한 큰손에게 더 많이 배정된다. 공모 기업은 개인 청약에 앞서 기관들로부터 공모 참여에 대한 수요예측을 받고 그 결과를 공시해야 한다. 기관은 개인에 비해 어쩔 수 없이 더 많은 정보에 접근할 수 있으니, 기관 경쟁률은 높을수록 좋다.

비교 여유가 있다면 '확약 기간'도 체크하자. 확약 기간이란 '주식을 받은 후에 안 팔고 가지고 있을 기간'을 의미한다. 확약하는 기간이 길수록 더 많은 수량을 배정받을 수 있다. 즉, 확약 기간을 길게 잡은 물량이 많을수록 이 주식의 공모가격은 쌀 가능성이 높다. 의무 보유 확약 기간을 일일이 비교하기 어렵다면, 전체 수량 중 의무 보유 확약이 차지하는 비중인 의무 보유 확약 비율을 체크해 보도록 하자.

둘째, 확정된 공모가격이 예정된 공모가격 범위에서 어느 수준에 위치하는지를 체크하자. 기업들은 공모를 준비할 때 희망하는 공모가격을 O원~OO원으로 공시한다. 대부분은 이 범위에서 가장 높은 가격으로 공모가를 확정 짓는 편이지만, 간혹 어중간한 가격으로 청약이 진행되는 경우가 있다. 이것만으로도 기업이 희망하는 가치와 시장이 평가하는 가치 사이에 간극이 분명하다는 근거가 된다. 따라서 이런 종목에의 투자는 재고해 볼 필요가 있다.

셋째, 결국 중요한 것은 기업 성장성과 가치다. 초단기, 즉 청약 후 상장 즉시 매도하는 것이 일상인 공모주 투자에서 기업 가치를 이야기하는 것이 엉뚱하게 들릴 수도 있다. 하지만 공모주 투자는 주식과 친해지기 아주 좋은 소재다. 매출은 잘 늘고 있는지, 이익률은 어느 정도인지, 어떻게 돈 버는 회사인지 파악해 보는 연습을 하기에 아주 적합하다.

조금 더 욕심을 내 본다면 그 기업이 계속 성장할지를 가늠해 보고, 상장 이후 분기, 연도가 지났을 때 예상이 맞았는지를 반추해 보는 것도 좋은 투자 공부가 될 수 있다. 많은 돈이 들지 않고 환금성이 좋은 투자다. 금융 영업인이라면 청약 후 바로 매도하기보다 적정가격을 나름대로 설정하고 투자해 보자. 투자 내공을 키우는 좋은 방법이 될 수 있다.

2. 내 손안의 애널리스트, 챗GPT

2023년을 뜨겁게 달궜던 여러 이슈가 있었지만, 단연 압도적인 것은 인공지능 심심이, Chat-GPT의 등장이었다. Open AI에서 만든 이 인공지능은 그간 시장에 존재하던 '챗봇'과는 결이 달랐다.

얼토당토않은 질문을 던져도 그럴듯한 답을 해냈고, 꽤 큰 노력을 들여 검색해야 찾을 수 있는 답을 손쉽게 내놓곤 했다. 짓궂은 요구도 흔쾌히 받아들인다. 상황을 설정해 주면 롤플레잉도 가능하고, 혼내면 사과를, 오류를 지적하면 피드백까지 내놓는다.

비전문가의 눈으로 볼 때 챗GPT에 아직 아쉬운 부분은 있다. 체감컨대 명확한 답이 요구될수록 오류가 높은 듯하다. 가령, 수익률이 가장 높은 펀드를 알려 달라는 질문에는 이미 없어진 자산운용사의 상품을 언급하거나 있는 상품이더라도 수익률이 높지 않은 경우가 더러 발생한다.

다소 명확하지 않은 수학 문제를 글로 풀어 질문했을 때도 오류가 종종 발생한다. 그러다 보니 우리와 같은 일반인은 이 첨단 기술을 심심이 정도로 쓰곤 한다.

새로운 사회상을 만들어 내기도 한다. 답이 명확한 문제 풀이에서는 오류가 나타나지만, 방대한 자료를 리서치해 결과물을 내야 하는 분야에서는 놀랍다는 평이 지배적이다. 등장 초기에는 대학생들의 리포트 '대필'에 사용되기도 하며 교수진이 '표절로 간주할 것'이라고 하는 등 촌극을 빚어내기도 했다. 시험도 잘 본다.

뉴욕대학교 아부다비 교수진의 실험적 연구에 따르면 학생들보다 챗GPT의 시험 성적이 높았다고 한다. 약 서른 가지 강좌의 교수진에게서 문제를 받고 학생들과 챗GPT에게 풀게 한 후 블라인드 테스트를 한 결과 챗GPT의 성적이 학생들과 비슷하거나 높은, 더러는 압도적으로 높은 성적을 기록했다.

인간의 전유물로 보이는 예술 분야에서도 인공지능이 자리를 잡아 나가는 듯하다. 챗GPT는 요청에 따라 소설을 쓰기도 하며,

인공지능 드로잉 애플리케이션은 추상적인 주문을 받아 훌륭한 그림으로 만들어 낸다. 바둑만 잘 두는 것이 아니다.

사진기의 등장으로 사실적인 묘사를 주로 하는 미술계가 추상의 영역으로 들어갔다. 머지않아 설치 미술, 저술의 영역까지 인공지능으로 대체되며 언젠가 인간은 또 다른 분야의 예술을 만들어 내야 할지도 모른다.

챗GPT는 한계가 커 보인다. 하지만 그것은 우리와 같은 비전문가가 다룰 때다. 이 녀석은 노력형이다. 엄청나게 많은 데이터가 존재하는 바다에 인공지능을 구겨 넣은 후 그 안에서 무지막지하게 빠른 속도로 학습하라는 지시를 충실히 따른 결과 나온 것이 챗GPT다.

그러다 보니 질문의 답을 도출하는 과정이 고급화된 연산의 결과라고 보기는 어렵다. 그간 열심히 공부했던 것을 바탕으로 가능성이 가장 높아 보이는 답을 써낸다. 하지만 이 노력형 신기술은 칼자루를 쥔 주인이 어떤 방향으로 칼날을 향하게 하는지에 따라 가치가 천차만별이 된다.

시중에 떠도는 정보가 아니라 주인이 입력한 데이터 안에서, 정교하게 짜인 조건을 제시한 후 답을 요구하면 손 빠른 김대리보다 훨씬, 비교도 안 될 만큼 빠른 속도로 결과물을 내서 모니터에 띄워 준다. 즉, 이 우수한 도구가 노닐 곳을 정확하게 지정할 수 있고, 이 아이와 효율적으로 커뮤니케이션을 나누며 원하는 답변을 만들어 내도록 명령할 수 있다면 매우 좋은 비서로 써먹을 수 있다는 얘기다. 명확한 정보 그리고 표준화된 답을 내놓을 수 있는 곳이 어디일까? 그중 한 곳은 분명 투자 시장이다.

투자 시장은 방대한 데이터가 있는 곳이 아니다. 보이는 숫자와 정보가 너무 많다 보니 '이게 적다는 말인가?' 싶을 수 있지만 투자 시장의 역사는 매우 짧고, 정형화된 숫자 위주의 정보이므로 다른 어떤 분야보다 정보량은 매우 적다.

정보량이 적다면 답을 찾아야 하는 곳은 바다가 아니라 연못 정도로 줄어든다. 여기에 AI계의 강형욱급 조련사가 답변 방향을 규정(프롬프트 엔지니어링, prompt engineering이라 한다)만 해 준다면 사람 1명이 1년간 해야 할 업무량을 챗GPT는 몇 시간 만에 해결해 버릴 수 있다.

챗GPT가 내가 원하는 답을 내놓을 수 있게 하는 것을 '플러그인'이라 부른다. 이미 발 빠른 기업들이 플러그인들을 만들어 냈고, 고객에게 심도 있는 투자 정보를 제공하기 위한 준비를 마쳤다.

두물머리, 챗GPT 플러그인 '불리오 인베스트' 출시

정필중 기자 | 입력 2023.05.23 14:25 | 수정 2023.05.23 14:26

(서울=연합인포맥스) 정필중 기자 = 핀테크 업체 두물머리는 인공지능(AI) 챗봇 '챗GPT'에 플러그인을 출시해 국내 핀테크 기업 최초로 글로벌에 진출했다고 23일 밝혔다.

챗GPT 플러그인이란 챗GPT 안에 외부 서비스를 모아 기능을 높이는 일종의 추가 확장 소프트웨어다. 플러그인을 설치한 사용자는 요청 영역에 관해 보다 전문적인 정보 서비스를 챗GPT상 제공받을 수 있다.

챗GPT는 짧은 시간에 최다 이용자를 확보하는 등 큰 관심을 받아왔으나, 다소 깊이 있는 전문 정보를 제공하지 못하고 부정확한 정보를 제공한다는 한계를 안고 있었다. 그 부분을 플러그인으로 해소하는 셈이다.

불리오 인베스트를 통해 투자자는 챗GPT와 자유롭게 대화해 데이터 기반 주식 분석을 제공받을 수 있게 됐다.

한국 시장뿐만 아니라 미국, 유럽, 일본 등 전 세계 100여개 국가에 상장된 모든 주식을 분석할 수 있고, 개별 종목에 대한 계량 분석 및 투자 의견은 스코어로 표현된다.

언어 장벽 역시 허물어진다. 불리오 인베스트는 세계 각국 언어로 즉각 제공되는 서비스로, 국내 사용자는 한국어로 관련 정보를 받게 된다.

현재 불리오 인베스트 플러그인은 GPT4 모델의 이용자만 사용할 수 있으며, 추후 정보 제공 및 기능 면에서 범위를 넓혀갈 예정이다.

(그림 13) 플러그인이 반영된 생성형 AI 서비스 예시

    인공지능이 투자 시장에서 어떤 두각을 낼 수 있을지 이제 막 검증받기 시작했다. 과연 모 증권사 여의도 영업부에 있는 소문난 박 차장에게 추천받는 주식과 집에서 글자 몇 개만 입력해서 소개받는 주식 중 어떤 것이 더 우월한 성과를 낼 수 있을지, 검증 전쟁은 이제 막이 올랐을 뿐이다.

    하지만 AI를 다룰 줄 모르고 투자에 막연한 두려움을 갖고 있는 금융소비자들에게는 이 기술의 등장이 반갑다. 포털에 들어가

투자하고 싶은 종목을 검색해 본들 의미 있는 정보를 찾기 어렵다. 게다가 유튜브의 등장으로 전문가와 인플루언서의 구분이 희미해진 요즘, 넘쳐 나는 정보는 초보자들에게 투자의 시작을 방해하는 노이즈일 뿐이다.

정해진 규칙에 따라 꼭 필요한 정보만 찾아 알려 주고 더러는 종목까지 골라 주는, 포트폴리오가 얼마나 건강한지 진단해 주는 챗GPT는 이 문제를 해결할 수 있다. 적어도 이 효율적이고 빠른 금융 비서가 던져 주는 답이 정답이라고 믿지는 못하더라도 정보의 늪에서 헤매는 금융 서민에게는 노동과 여가 시간의 분배를 획기적으로 개선해 주는 아주 착한 녀석이다.

여느 때처럼 MTS(mobile trading system)에서 광고와 함께 올라오는 뉴스를 보고, 네이버나 유튜브에서 종목을 검색하는 행태는 낡은 습관으로 치부받는 시대가 생각보다 빠르게 다가올 것으로 보인다. 투자 시장에서 종목이나 상품을 고르는 방법은 생각보다 단순하고 반복적이다. 가설과 종목 선정의 원칙을 수립하고, 그에 맞는 종목을 찾기 위해 정보를 모아 분석하는 것이 주된 투자 의사결정 방법이기 때문이다.

매우 빠른 노력형 도구인 챗GPT와 플러그인의 결합은 시장을 빠른 속도로 바꿔 나갈 것이다. 유진투자증권은 두물머리와 손잡고 AI 애널리스트 서비스를 출시할 것이라고 최근 밝혔다. 주식을 검색하면 차트가 아니라, 인공지능이 그 주식을 분석해 주는 화면이 먼저 나오는 세상이 곧 다가올 것이다.

전문 PB가 아닌 금융 영업인에게도 이는 희소식이다. 물론 주식 영업을 주로 하는 증권투자 권유 대행인에게는 다소간의 위협이 될 수도 있다. 하지만 당신에게 돈을 맡긴 고객들은 여전히 사람의 직관이 투자 성패를 좌우할 것이라 여기며, 자신의 관리자를 믿고 있을 것이니 큰 걱정은 하지 않아도 될 것이다. 다만 금융 상품 영업을 주로 해 오면서도 풀지 못했던 고객의 단기, 직접투자 니즈를 챗GPT가 풀어 주는 순간이 머지 않았다. 준비하라! 인공지능 애널리스트의 시대가 가까이 왔다!

3. 금융투자소득세! 하는 거야, 마는 거야?

올해 주식 투자자들은 크게 속상해질 뻔했다. 러시아·우크라이나 전쟁, 코로나19 이후 선진국들의 긴축정책, 미·중 분쟁 등 온갖 악재로 두드려 맞은 것도 서러운데, 그간 안 내던 세금까지 내야 할 처지에 놓였기 때문이다. 금융투자소득세가 그것이다.

2020년, 국회는 그간 건드리지 않던 투자 시장의 매매차익에 새로운 세금을 부과하겠다는 소득세법 개정안을 통과시켰다. 새 세법에 따라 투자자들은 2023년부터 금융투자소득세를 부담하게 될 예정이었다.

금융투자소득세란 말 그대로 금융투자로 얻은 소득 전반에 부과되는 세금이다. 그간 과세대상이 아니었던 국내 주식과 채권의 매매로 얻은 이익, 펀드 안에서 국내 주식 매매로 번 돈, 선물과 옵션으로 벌어들인 돈에 최대 25%까지 매겨진다.

금융투자로 발생한 소득이 3억 원 이하라면 20%를, 3억 원이 넘는다면 3억 원까지는 20%, 넘는 부분은 25%의 세금을 부담해야 한다. 다만 소득 규모가 작다면 과세하지 않는다. 주식과 일부 펀드에서 한 해 동안 나온 이익이 5천만 원을 넘지 않으면 세금을 매기지 않고, 그 밖의 소득도 250만 원을 공제해 준다. 이익에 세금을 매기니, 손해도 감안한다. 올해 생긴 손실은 향후 5년 동안 발생한 이익에서 빼 준다.

===============================

세금이 없었지만 내야 하는 것

국내 주식을 장내에서 팔아서 번 돈
국내 채권을 팔아서 번 돈
파생결합증권(ELS 등)을 양도해서 번 돈
선물이나 옵션으로 번 돈
펀드 안에서 국내 주식을 팔아서 번 돈

※ 배당소득이었지만 금융투자소득세가 부과되는 것
펀드에서 나오는 분배금
파생결합증권(ELS 등)으로 번 돈
================================

공교롭게도 법 시행이 다가오던 2022년은 유동성 장세에 힘입어 누렸던 일시적인 호황이 잦아들던 때였다. 2022년 5월 출범한 윤석열 정부와 여당은 이를 반영해 금융투자소득세의 시행 연기를 추진했다. 다행히 같은 해 12월 야당과 합의에 성공하며 2년 미뤄졌고, 2025년 1월 1일부터 본격 시행될 예정이다.

사실 없던 세금이 생겼다기보다는 원래 냈어야 할 세금을 내지 않았던 것이 맞다. 우리 소득세법은 원칙적 취지로 보면 금융투자 시장에서 번 돈을 과세대상으로 하고 있다. 다만 주식 시장 활성화와 소액투자자의 보호라는 기치하에 '국내 주식' 매매로 생긴 이익에는 세금을 매기지 않았던 것이다. 실제로 특정 요건에 해당하는 대주주는 국내 주식을 장내에서 팔더라도 양도소득세를 내야 하며, 해외 주식 거래로 생긴 차익에는 투자금 규모에 관계없이 세금을 납부할 의무가 있다.

어쨌거나 안 내던 세금을 내라 하니 법 시행이 다가오던 2022년 말 시장은 매우 민감하게 반응했다. 설문조사 결과에 따르면 과반이 넘는 투자자가 시행 연기를 원했다. 당연하다. 여차여차하여 2년이라는 시간을 벌었지만 이미 2024년이 왔다. 법 시행까지 1년이 남지 않았다. 이번에도 유예되기를 바라는 것은 희망 사항이다. 목전에 다가온 새 세금, 오래 주식 투자를 해 온 고객에게 세금을 줄일 방법을 찾아 줘야 한다.

첫째, 투자 중개형 ISA 계좌가 없다면 미리 만들어 두자. 처음 나올 때만 해도 애물단지였던 ISA가 옷을 꽤나 잘 갈아입었다. 5년 정도 굴릴 수 있는 여유자금이 있다면 만들지 않을 이유가 없는 계좌가 되었다.

한 해에 집어넣을 수 있는 한도는 2천만 원이고, 최소 3년만 돈을 묶어 놓으면 그 계좌에서 생긴 '금융투자소득' 중 200만 원까지는 세금이 없다. 비과세소득 한도인 200만 원이 넘는 금액은 어떻게 될까? 9.9%의 세금만 물면 된다. 한 해 바짝 주식을 하고 시장에서 털고 나갈 계획이 아닌 이상, 국내 주식 거래만 할 생각이라면 ISA는 만들지 않으면 손해다.

다만 해외 주식 등 모든 자산을 거래할 수는 없다는 점이 한계다. 생각보다 해외 주식에 투자하는 사람 수나 자금 규모는 크지 않다. 국내 주식에 투자 중인 고객에게는 ISA 계좌를 꼭 추천해 주자.

ISA 계좌는 미리 만들어 두는 것이 좋다. 한 해 납입 한도가 2천만 원이고, 총납입 한도는 1억 원이다. 2025년이 닥쳐왔을 때

ISA 계좌를 만들면 돈이 남아돌더라도 2천만 원을 넘는 돈은 계좌에 구겨 넣을 수 없다는 얘기다. 아직 없다면 일단 개설만이라도 해 놓게 하자.

매년 2천만 원씩 한도가 늘어나고, 5년이 되어서야 총한도인 1억 원을 채울 수 있게 된다. 가용자금이 많은 고객이라면 약간의 재촉은 해 보도록 하자.

돈이 묶인다는 걱정이 가장 부담이다. 시행 초기에는 돈을 묶었으나, 이 역시 콘셉트를 잘 바꿔 잡았다. 돈은 자유롭게 뺄 수 있다. 다만 뺀 돈만큼 납입 한도가 회복되지는 않는다.

이를테면 개설 후 1년이 되지 않아 납입 한도가 2천만 원이었고, 그 계좌에 1천만 원을 넣은 후 어떤 이유에서든 돈을 모두 뺐다면, 남은 한도는 1천만 원이다. 입금액을 기준으로 생각하면 된다. 총한도 1억 원이라는 말은 총입금 가능 금액이 1억 원이라는 뜻이다. 어쨌건 급전이 필요할 때 비과세를 포기하고 돈을 인출할 수 있으니 손해 볼 건 없다.

둘째, 어지간히 부지런하지 않다면 국내 주식 투자 계좌는 한 군데로 모으자. 요즘 신규 가입 이벤트로 평생 수수료 무료 혜택이 풀리며 새 주식계좌를 만드는 고객이 부쩍 늘었다. 그러다 보니 주식 시장에서 잔뼈 조금 굵었다는 고객은 2~3개 증권사의 계좌를 가지고 있는 경우가 더러 있다.

계좌별로 돈을 나눠 투자하고 있다면 금융투자소득세가 도입된 후부터는 골치가 아파질 수 있다. 금융투자소득이 발생하면 증권사는 원천징수를 한다. 이익 본 금액이 5천만 원 이하일 때까지는 비과세한다는 점이 문제다. 증권사별로 공제 규모를 설정해 두어야 하는데, 여간 귀찮은 일이 아닐 것이다.

예를 들어 A증권사에는 3천만 원, B증권사는 2천만 원으로 지정해 두었다면 주식을 팔 때마다 각 증권사에서 생긴 매매차익이 얼마인지 계산해야 하는 불편함이 생길 수밖에 없다. 물론 도입 이후 각 증권사는 누적 매매차익을 보여 주는 화면을 만들겠지만, 한 군데에 몰아 놓고 벌면 버는 대로 잃으면 잃는 대로 편안하게 투자할 수 있는 기회를 굳이 걷어찰 필요는 없을 것 같다.

셋째, 손실은 꼭 신고해야 한다. 우리나라 세법은 세금 낼 일이 생기면 자진해서 세금을 계산, 신고하고 납부하도록 하고 있다. 내야 하는 녀석이 세금을 안 내면 불성실하다며 가산세를 매기기도 한다.

금융투자소득세도 마찬가지다. 증권사가 원천징수를 하기 때문에 계좌 하나만 쓴다면 별일 없겠지만, 여러 증권사에 공제 한도를 분산해 두었다면 국세청에 세금을 신고해야 할 가능성(아직 증권사별 시스템이 정리되지 않아 프로세스가 명확하지는 않다)도 있다. 문제는 손실이 났을 때다.

금융투자소득세는 올해 낼 세금이 있을 때 과거 5년간 손해 본 금액은 과세표준에서 제거해 주는 구조를 가지고 있다. 손실도 잘 챙겨 놔야 한다는 뜻이다. 손실을 봤다면, 그리고 거래 중인 증권사가 손실을 자동 신고해 주는 서비스를 제공하지 않고 있다면 다음 해 5월 1일에 결손금을 꼭 신고하도록 하자. 아무도 모를 일이다. 당신이 내년에 1억을 벌게 될 수도 있을지 말이다.

국세청이 주도하는 통합세금관리 시스템은 2025년에 앞서 세상에 나올 가능성이 높아 보인다. 하지만 세금은 늘 멍때리는 순간에 철퇴로 다가오는 점을 고객에게 꼭 명심시켜 주도록 하자.

4. 드디어 도입된 디폴트옵션, 금융 서민의 노후는 나아질 것인가?

오랜 기다림이었다. 한국에도 드디어, 2000년대 초반부터 줄곧 이야기되어 오던 디폴트옵션의 시대가 왔다. 국회는 몇 차례 줄다리기 끝에 2021년 12월, 디폴트옵션 도입이 주요 골자인 근로자퇴직급여보장법 개정안을 의결했고, 이듬해인 2022년 7월 전격 시행되었다.

'들어 본 적 없는데?' 하며 의아해하는 것이 당연하다. 시행일이 속한 2022년은 준비 단계였다. 법만 시행되었을 뿐, 퇴직연금 사업자(은행이나 증권사 등 고객의 퇴직연금을 관리하는 기관들)

는 2022년 말까지 상품을 마련하느라 분주했다.

법에 따라 은행이나 증권사 등은 상품과 포트폴리오를 만들어 심의위원회를 통과해야 하고, 최종적으로 고용노동부 장관의 승인을 받아야만 한다. 같은 해 12월이 되어서야 퇴직연금사업자들의 상품 승인이 완료되었다. '판매사'들이 준비된 후 퇴직연금제도를 도입하고 있는 일반 회사들도 분주했다. '판매사'들과 만나 상품을 확정해 퇴직연금 규약 변경 신고를 준비해 왔다. 그 절차가 유예기간 동안 준비되며 2023년 7월 12일 본격 시행되기에 이르렀다.

실로 긴 항해였다. 퇴직연금 특성상 유관 기관이 너무 많다. 퇴직연금은 돈을 맡기고 불리는 금융 상품으로 금융감독당국의 소관이기도 하다. 다만 기본적으로 근로자의 퇴직과 그를 위한 연금제도는 노동자, 회사의 권리와 의무에 대한 일이다. 또한 노동 관청이 관리하는 영역이므로 금융당국이 단독으로 움직일 수도 없다.

업의 특성상 금융을 바라보는 시선에도 매우 차이가 컸다. 금융위원회, 금융투자업계 등 퇴직연금 시장의 낮은 수익률을 제고하는 등 활성화를 꾀해야 하는 쪽이 있었던 반면, 노동계나 유관 기관처럼 퇴직연금의 대부분을 차지하는 원금보장형 상품을 '굳이' 위험성 있는 상품으로 이탈시키는 데 부담을 느끼는 집단은 소극적인 자세를 가질 수밖에 없었다. 지난한 밀고 당기기와 논의가 이어진 결과, 근로자 노후 보장을 목적으로 한 퇴직연금은 도입 이후 수익률 논란에 매년 휩싸이곤 했다.

하지만 실질을 들여다보면 등 떠밀려 퇴직연금에 가입해 돈을 적립하긴 했지만, 적립금을 당최 어디에 투자해야 할지 몰라 MMF, 예적금에 몰아 둘 수밖에 없었던 환경 탓이 컸다. 어디선가 DC가 좋다고 해서 가입했는데, 관리받지 못해 수년간 단리 예금 상품에 돈을 넣어 두는 경우가 부지기수였다. 퇴직금을 받아 IRP에 넣어 놓긴 했지만 돈을 넣어 두는 행위 그뿐이었던 것이다.

계좌를 열어 준 관리자들도 난감했다. 고객의 노후 밑천을 예금보다 높은 이익이 기대된다고 하여 펀드처럼 위험이 있는 상품으로 이끌기는 쉽지 않다. 고객 니즈에 따라 포트폴리오를 관리하는 일에도 매우 큰 노력이 든다.

모든 고객의 자산을 동일한 포트폴리오로 맞추면 좋겠지만, 시황에 따라 섹터나 상품을 달리할수록, 기간이 오래될수록 관리에 지나치게 많은 시간이 든다. 연말만 되면 "퇴직연금 수익률 1.3%에 불과" 같은 뉴스가 뜨는 이유다. 자본 시장 연구원에 따르면 2021년 말 기준으로 퇴직연금 자산의 90%는 원리금 보장형 상품에 투자되고 있고, 수익률은 2.05%에 불과했다.

퇴직연금 영업을 주로 하는 선배 영업인들은 401(k)-한국에서는 보통 '사공일케이'로 읽힌다-를 입에 달고 다닌다. 한국의 DC형 퇴직연금제도와 유사한 미국의 제도를 뜻한다. 미국의 DC형 퇴직연금제도가 근로자 퇴직소득 보장에 대한 법률 401조 K항에 규정되어 있기 때문에 붙여진 이름이다. 한국의 퇴직연금제도와는 다소 차이가 있다. 내가 받을 돈의 일부를 퇴직연금으로 적립해 줘야 한다는 우리나라 제도와 달리, 401(k)는 근로자가 얼마간의 돈을 적립하면 회사가 정해진 한도 내에서 그만큼의 돈을 더 넣어 준다.

가령 매월 401(k)에 따라 500달러를 적립하기로 하면 회사가 그만큼의 금액을 더 적립해 준다. 가입자는 시작과 동시에 100% 수익을 보고 시작하는 셈이니 마다할 이유가 없다. 더욱이 일정 한도 안에서 추가로 불입하면 세제 혜택도 부가해 준다. 젊은 층을 중심으로 '부자 되는 방법'으로 입소문을 탈 수 있어 성공한 퇴직연금 사례로 회자되고 있다.

401(k)는 디폴트옵션과 찰떡이었다. 2006년 연금보호법의 시행과 함께 시작된 이 제도는 가입자가 별다른 말을 하지 않는 이상 그의 돈을 어딘가에 자동 투자하는 것이 골자다. 펀드 하나 살 때 30분씩 걸리고 써야 할 서류만 십수 장인 한국인 입장에서는 당혹스러운 제도다.

아무 동의도 하지 않았는데 월급 일부와 회삿돈이 알아서 펀드에 투자된다. 위험이 낮지도 않다. 대부분의 자금이 연령이 낮을수록 변동성이 큰 주식형 자산이 많고 채권형 자산이 적은, 은퇴 연령에 근접한 Target Date Fund(TDF)에 투자되었기 때문이다.

'옵트아웃(opt-out).' '그에 따르지 않겠다'는 명시적 의사결정이 없는 한 일괄적으로 가입자의 자금을 넛지(Nudge)시키는 이른

바 '디폴트옵션'인 것이다. 미국 고용자이익연구소(EBRI)에 따르면 2020년 말 기준 401(k) 적립금 중 42%는 주식형 펀드에, 31%는 TDF에 투자되고 있다. 70%가 넘는 돈이 성과형 상품에 투자되고 있는 셈이다.

노후를 위해 근로자들이 돈을 묶어 두도록 함과 동시에 그 자금이 은퇴 연도에 맞춰 자동으로 리밸런싱되는 상품에 투자된다. 시장이 장기적으로 우상향한다고 가정하면, 401(k) 가입자들이 노후에 빈곤해질 가능성은 줄어드는 것이다.

시기적으로도 절묘했다. 2008년 글로벌 금융위기 이후 각국은 시중에 무지막지한 양의 돈을 풀어 속절없이 무너지는 금융 시장을 떠받쳤다. 미국도 마찬가지였다. 2009년 저점을 찍은 미국 경기는 최근의 부침을 제외하면 '10년간의 호황'으로 평가된다.

S&P 500을 기준으로 보면 정점을 찍었던 2021년 말의 지수는 12년 전과 비교할 때 7배 가까이 상승했다. 퇴직연금 자산은 이 수혜를 톡톡히 봤다. 연금 자산은 디폴트옵션으로 주식형 자산에 대거 몰려 있었고, 십수 년의 상승효과를 그대로 받으며 '연금 부자'들이 생겨나기 시작했다.

미국의 가장 큰 퇴직연금 운용 사업자인 피델리티(Fidelity)에 따르면 2021년 말 기준 퇴직연금 계좌 잔액이 100만 달러, 한화로 약 13억 원이 넘는 고객 수가 44만 명을 넘었다. '연금 백만장자'가 될 수 있다. 상상만 해도 즐겁다.

한국에서도 자산운용업계와 증권업계를 필두로 디폴트옵션 도입 논의가 계속 이루어져 왔다. 공모펀드 시장의 부진, ETF의 약진으로 수익성이 코너에 몰린 자산운용사는 퇴직연금 시장에서 새로운 활로를 찾고자 하는 듯하다.

TDF는 디폴트옵션과 잘 어울린다. 가입자의 예상 은퇴 시기가 다가올수록 주식형 자산은 줄이고 채권형 자산을 늘려 주기 때문에 매월 똑같은 펀드에 돈을 투자하는 것 외에 고민할 일이 없다. 대형 자산운용사는 디폴트옵션 도입 이전부터 TDF의 브랜드가치를 높이기 위해 개인연금 시장에서 경쟁에 나섰다.

추측건대 고객들도 관리자들도 대체로 긍정적인 반응을 보였을 것이다. 관리자는 매번 시장에서 핫한 펀드를 골라 고객에게 권유하고 조정하는 수고를 덜 수 있고, 고객도 투자 고민을 내려놓고 생업에 종사할 시간을 벌 수 있기 때문이다. 증권업계도 반색이다.

연금 시장은 증권사 입장에서 마르지 않는 샘과 같다. 퇴직연금 판매 후 발생하는 수수료 때문이다. 회사와 상품에 따라 차이는 있으나, 퇴직연금 고객을 유치하면 계좌 잔액에 비례해 수수료를 받을 수 있고, 상품 판매 시에도 판매수수료를 받을 수 있다.

더욱 매력적인 사실은 생애주기가 길다는 점이다. 일반 펀드와 달리 연금 자산은 한번 유치하면 고객 은퇴 시까지 자산을 묶어두려는 경향이 강하다. 증권사 입장에서는 퇴직연금이 주식 중개(brokerage) 수익을 대체할 아주 훌륭한 보수 기반(fee-based)

비즈니스인 셈이다.

한국의 디폴트옵션은 가입자 자산을 미국처럼 대놓고 위험자산으로 유도하지는 않는 듯하다. 디폴트옵션으로 구성될 수 있는 상품은 예금 등 원리금 보장 상품, 밸런스펀드, 스테이블밸류펀드, 사회간접자본펀드 그리고 타깃데이트펀드(TDF) 정도다.

은행과 증권사 등 퇴직연금 사업자는 이 상품들을 기반으로 예금을 30%로 하고 TDF를 70%로 하는 등 디폴트옵션 포트폴리오를 가입자에게 제안한다. 가입자는 가입 시에 여러 포트폴리오 중 하나를 선택해야 한다. 가입자가 별다른 운용 지시를 내리지 않는 한 적립된, 혹은 새로 적립될 자산은 포트폴리오에 자동 투자된다.

이미 DC형 퇴직연금이나 IRP에 돈을 넣어 둔 고객은 다소 주의가 필요하다. 펀드 등 상품에 넣어 둔 돈은 영향이 없지만, 예금 등 만기가 있는 원리금 보장형 상품에 넣어 둔 돈은 만기 시에 '대기성 자금'으로 분류되어 주식 예수금처럼 계좌에 현금으로 남아 있게 된다. 대기성 자금은 MMF 등 초단기 상품에 비해 운용수익률이 낮을 수밖에 없다. 만기가 도래한 상품에 투자하고 있다면 디폴트옵션 지정을 서두를 필요가 있다.

디폴트옵션을 지정하면 고객 계좌를 관리하는 금융기관은 상품 만기가 도래했을 때 고객에게 "별도 지시가 없으면 선택하신 포트폴리오로 투자합니다."라고 통지한 후 2주 후에 투자를 집행한다. 디폴트옵션을 선택하고, 그 전에 가지고 있던 원리금 보장형 상품의 만기가 다가온 경우에는 4주의 시간을 더 준다. 만기가 된 후 4주가 지날 때까지 운용 지시가 없으면 2주 후에 투자를 집행한다.

디폴트옵션을 선택했다고 해서 내 의사에 따라 포트폴리오를 조정할 수 없다는 뜻은 아니다. 언제든지 포트폴리오를 자유롭게 변경할 수 있다. 앞서 언급했듯 만기가 있는 원리금 보장형 상품에 투자한 경우에만 통지를 주고받고 자동 투자가 진행되는 절차가 신설된다고 보면 된다.

퇴직연금 영업 시장도 새로운 국면을 맞게 될 것으로 보인다. 그동안은 '잘 관리해 줄 테니 DC형으로 변경하고 관리자를 나로 지정하라'며 영업하고, 포트폴리오를 매달 리밸런싱해 주는 것이 일반적이었다. 하지만 앞으로는 자산관리 솔루션 영역의 일부분을 금융기관이 직접 수행하는 모양새가 되는 만큼 새로운 가치를 제공할 필요가 있다.

디폴트옵션은 연금 자산의 수익률 제고를 위한 제도이지, 근로자의 은퇴 이후 생활까지 챙겨 주는 만병통치약은 아니라는 점에 착안해야 한다. 투자자들은 여전히 자신의 노후가 어떻게 될지 알기 어렵다.

DB형 가입자들이 왜 DC형으로 변경해야 하며, IRP에 들어온 퇴직금을 왜 곧장 인출하지 않고 묶어 둬야 하는지를 설명해 줘야 한다. 더불어 연금 인출 솔루션이 증식 플랜보다 더 중요할 수 있다. 우선 은퇴 시기가 다가온 고객들이 몇 년 남지 않은 기간 동안 조금이나마 돈을 더 받을 수 있게 운용을 도와줄 수 있다.

또, 연금 수령 시 생기는 각종 세금 문제를 관리해 주는 것도 좋은 포인트다. 퇴직할 때 연금 수령을 독려해 퇴직소득세를 30~40% 줄일 수 있는 방법을 코치해 줄 수 있다. 65세도 중년이라는 요즘, 퇴직 시기는 은퇴 시점과 같지 않다. 연금 수령이 시작된 이후에도 다른 소득이 있을 수 있다는 이야기다. 고객의 퇴직 후 소득을 바탕으로 연금소득을 종합과세 대상으로 둘지, 분리과세를 선택하게 할지도 조언해 줄 수 있어야 한다.

도입이 1년도 채 지나지 않은 시장이다. 얼마나 많은 자금이 DC형으로 옮겨 오느냐가 관건인 듯하다. DB형에는 '증식'이 없다. 그곳에 돈을 둔 고객은 수십 년간 일해서 번 돈을 유예해 두고 남은 기간 동안 쪼개어 사는 것이다. 그러니 은퇴 후 삶의 수준은 지금과 비슷하거나 낮아지는 시나리오밖에 없다.

금융소비자들은 효율적으로 행복해질 기회를 가질 권리가 있다. 젊은 고객에게는 우상향하는 시장에서 소외되지 않도록 DC형 퇴직연금 가입을 독려해 주고, 4050 등 은퇴 준비를 시작하는 이에게는 원리금 보장의 환상에서 벗어날 수 있도록 우리 금융 영업인들의 노력이 필요한 시점이다.

예금 등 상품의 금리가 높은 현재는 시기적으로 다소 어렵다. 퇴직연금 계좌 안에는 예금도 편입 가능하다는 점을 잘 이용하자.

1부에서 짚은 대로 금리는 낮아질 수밖에 없다. 그때를 준비해 고객을 많이 확보해 두는 것도 좋은 전략이다.

관련 법 개정으로 이제 퇴직연금 계좌에 모인 돈의 100%를 위험자산에 투자할 수 있게 되었다. 공격적인 연금 재산 증식을 원하는 고객을 잘 도와서 가장 효율적으로 노후를 대비할 수 있게 도와주자.

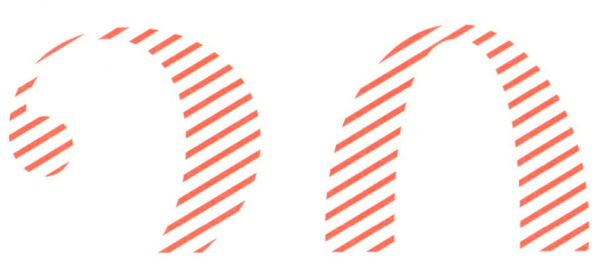

04

인사노무 트렌드

김소리

1부

2023년 돌아보기

1. 중대재해 예방을 위한 총력전

1) 기업의 어둡고 씁쓸한 이름 - 안전불감증

우리나라는 일제 강점기 및 6.25 전쟁을 극복하기 위해 국가 주도의 고도성장을 이룩했다. 이러한 고도성장의 보상이 어쩌면 1986년 아시안 게임 및 1988년 올림픽의 유치였을 것이다. 그와 함께 단시간에 한강의 기적을 이루기 위해 전 국민이 모든 분야에서 초인적인 힘으로 노력했다는 점도 기억해야 한다.

돌아보니 고도성장의 이면에서는 안전불감증이라는 그늘도 함께 커 왔다. 일을 지나치게 많이 하다 보면 인간의 몸은 지칠 수밖에 없다. 계속해서 이런 상황이 지속되면 업무 집중도나 생산성도 급격히 하락하게 된다. 그리고 한순간의 방심이 곧바로 산업재해로 연결되는 것이다. 안타까운 점은 더 이상 인적 설비로서 역할을 하지 못한다는 이유로 제대로 치료받지도 못한 채 기업에서 퇴출되는 수순을 밟기도 한다는 사실이다.

근로기준법, 특히 근로시간을 일일이 준수하거나 사업장 내 안전설비에 대한 투자는 엄두도 내지 못한 현실에서 '구의역 지하철 설비관리 근로자의 끼임 사고'에서 나왔던 상황이 되풀이되곤 했다.

<구의역 참사
 - 지하철 스크린도어의 포스트잇을 기억하며>

2016년 5월 28일, 서울메트로의 용역업체 소속 근로자 김 군(만 19세)이 서울 지하철 2호선 구의역 9-4 승강장에서 스크린도어를 수리하다가 출발하던 열차에 치어 숨지는 사건이 발생했다.

서울메트로 및 용역업체의 매뉴얼에 따르면 스크린도어 수리 작업은 2인 1조로 진행해야 한다. 그러나 근무 스케줄 확인 결과,

김 군은 사고 당시 혼자 작업하고 있어 열차 출발 여부를 확인해 줄 동료가 없었다. 이 사건은 단순히 김 군의 작업 중 열차 출입에 대한 전후방 주시 의무 위반이라고 보기는 어려웠다. 오히려 김 군이 작업할 당시 전후방 주시를 위한 인력을 기업에서 배치하지 않아 발생한 산업재해였다.

본 사건으로 김 군이 소속된 기업뿐만 아니라, 이러한 업무 관행을 묵인했던 원청인 서울메트로까지 산업안전에 대한 불감증이라는 비난을 면치 못했다. 결국 사건 관련 기업 전부의 외부 기업 인지도까지 하락했다. 나아가 산업안전보건법 등의 위반으로 관련자 모두 처벌 대상이 되었다.

앞서 기술한 바와 같이 인간은 더 이상 소모품이나 인적 설비가 아니라 기업의 지속 성장을 위한 핵심 가치임이 명확해졌다. 현시점에서는 일터의 안전성이 최우선으로 담보되어야 한다.

더욱이 산업재해로 발생한 인력 공백은 충원이 쉽지 않은 요즘 노동환경에서 큰 타격이 아닐 수 없다. 무엇보다 근로자는 단순히 기업 구성원일 뿐만 아니라 기업 외부의 고객으로서, 사회 구성원으로서 자리 잡고 있는 현시점에는 산업재해 발생 후 대응 시스템도 중요하다. 아울러 산업재해가 근본적으로 발생하지 않는 안전한 환경 조성이 절실하다.

최근에는 산업재해 예방이 기업 내부 리스크 관리 차원을 넘어 근로자를 생각하는 기업이라는 이미지 제고에도 상당히 효과적이다. '고객들에게 어떤 기업으로 인식되느냐'는 평판이 중요한 현대 사회에서 핵심 경쟁력이 되기도 한다. 따라서 산업재해를 막을 수 있는 전반적 관리 시스템이 빠르게 구축될 필요가 있다.

2) 중대재해 로드맵 발표에 따른 기업 환경 변화

그동안은 산업재해 예방보다는 발생 후 조치에 초점이 맞춰져 있었다. 그러나 앞서 기술한 바와 같이 재해는 예방이 최선[1]이다. 현시점에서 이천 물류센터 화재 사건[2]을 기화로 안전한 일터 구축과 중대재해 사업자 엄벌 주장에 힘이 실렸다. 무엇보다 정부는 중대재해처벌법을 2022년 1월 27일 50인 이상 사업장에서 본격적으로 시행하면서 중대재해 예방과 처벌에 대한 강력한 의지를 표명했다.

2023년 중대재해처벌법이 첫 번째로 적용된 사건의 1심 판결

---

[1] 예를 들어 산업재해 예방 활동으로 기업에서 연간 지출할 비용은 산업안전보건 교육 기간에 지불하는 강의료, 그리고 경우에 따라 안전모 구비, 난간 설치에 드는 비용 등이다. 이에 비해 산업재해로 근로자가 다치거나 사망할 경우 해당 근로자의 공백으로 생산량이 감소하고, 근로자 휴업에 따른 휴업보상, 병원비, 재해근로자의 상황을 파악하기 위한 행정 담당자의 업무량이 증가하고, 산업재해 발생에 따른 민사상 손해배상이나 형사처벌 등을 방어하기 위한 비용이 지출된다. 나아가 추가적인 기업 손해를 예상하는 데 한계도 있을 수 있다. 특히 중대재해처벌법에 따라 중대재해가 발생할 경우 민사적으로는 근로자가 입은 손해의 5배를 기업에서 부담할 뿐만 아니라 최대 50억 원의 벌금이 부과될 수도 있다.

[2] 2020년 4월 29일 오후 1시 32분 이천시 모가면 소고리 640-1 한익스프레스 남이천물류센터 냉동 및 냉장 물류창고 신축 현장 지하 2층에서 화재가 발생했다. 불은 오후 6시 42분에 진화되었지만, 38명이 사망하고 10명이 부상을 입었다.

이 선고되었다. 구체적인 내용은 아래와 같다.

<온*파트너스 근로자 사망 사건>

경기도 고양시 소재 요양병원 증축 공사 현장에서 100kg 상당의 자재를 위로 들어올리는 과정에 40대 하청 소속 근로자가 6층 높이에서 추락해 사망하는 사고가 발생했다.

당시 해당 공사의 시공사는 온*파트너스였고, 건설업 특성상 원청이 하청의 산업재해에 1차 책임이 있다는 점은 이미 산업안전보건법이나 산재보험 관계에서 법제화되었다.

더욱이 2022년 1월 27일 중대재해처벌법 시행 이후 50인 이상 사업장에서 발생한 사망 사고였기 때문에 산업안전보건법의 특별법인 중대재해처벌법이 곧바로 원청인 온*파트너스에게 적용되었다.

2023년 4월 6일 중대재해처벌법이 처음으로 적용된 온*파트너스에 대한 1심 판결이 선고되었다. 검찰과 피고인 양측 모두 항소하지 않아 1심은 그대로 확정되었다.

온*파트너스 대표이사는 원청의 대표자이자 전반적인 현장 책임자로 인정되어 징역 1년 6개월에 집행유예 3년, 온*파트너스 현장소장은 징역 8월에 집행유예 2년, 온*파트너스의 현장 안전관리자는 벌금 500만 원, 법인인 온*파트너스는 벌금 3,000만 원을 선고받았다. 그리고 추락한 근로자가 소속된 하청의 현장소장에게는 징역 8개월에 집행유예 2년, 법인인 하청에게는 1,000만 원의 벌금이 선고되었다.

이보다 앞서서, 중대재해처벌법 시행 이후 발생한 1호 사건은 아직까지 형사절차가 진행 중이지만, 중대재해처벌법 도입 당시 예상되었던 처벌 수위보다는 높지 않다는 평가다. 그러나 법 자체가 개정되지 않는 한 양형의 폭이 넓고, 손해배상액의 한도도 발생한 손해액의 5배까지로 무거운 편이다. 아직 사례가 축적되지 않은 만큼 기업에서는 반드시 중대재해 예방과 대응에 집중적인 관심과 투자가 필요하다.

더욱이 2024년 1월 27일부터는 상시(평균)근로자 수 5인 이상 사업장에 중대재해처벌법이 전면적으로 적용되기 때문에 중대재해의 예방과 대응 계획을 세워야 한다.

정부는 이에 발맞춰 2022년 11월 30일 관계 부처 합동으로 '중대재해 로드맵'을 발표했다. 주된 내용은 중대재해 발생 사업장에 대한 강력한 처벌 의지 천명, 중대재해 발생률이 높은 산업 분야인 건설업 및 제조업에 대한 대대적인 단속 예고이다. 또한 후술하는 산업재해 예방 시스템 구축을 정부가 지원하고, 시스템을 구축한 사업장에는 정책자금 추가 지원 등의 혜택을 부여한다는 내용도 담겨 있다.

3) 산업재해 예방과 대응 시스템 구축

중대재해 로드맵에서 예고한 중대재해 예방을 위한 최우선 지표는 '위험성 평가'[3]와 산업재해 예방 시스템 구축이다. 이미 전 세계적으로 기업 경영에는 인재 확보가 관건이라는 점이 크게 부각되고 있다. 장시간 근로만이 생산성을 높인다는 과거의 인식도 없어졌다.

또한 산업구조 변화도 경영계의 인식을 바꿔 놓았다. 산업재해 자체가 발생하지 않는 것이 기업 리스크를 최소화하는 방편이다. 많은 기업에서는 ISO45001 인증을 통해 안전보건경영시스템을 구축하여 산업재해 예방 수단으로 활용하고 있다. 특히 산업안전보건법상 중대재해 발생에 대한 처벌이 강화되면서 5인 이상 사업장은 필수적으로 산업안전보건시스템을 구축해야 한다. 이는 장래의 리스크 예방책으로 최선이 아닐 수 없다.

그러나 인증보다 더 확실한 방법은 현재 고용노동부에서 안전보건관리를 위해 발표한 대로 대표자의 안전보건계획 수립 및 자

---

3 위험성 평가란 사업장의 유해·위험 요인을 파악하고, 해당 요인에 의한 부상 또는 질병의 발생 가능성(빈도)과 중대성(강도)을 추정·결정하고, 감소 대책을 수립해 실행하는 일련의 과정이다. 기존에는 위험성 평가가 필수는 아니었고, 이를 실시하는 기업에 산재보험료 절감 혜택이 부여되는 등 일종의 안전 일터 구축을 위한 유도책이었다. 그러나 2022년 고용노동부에서 중대재해 로드맵을 발표한 이후 2023년부터 위험성 평가가 사업장 필수 사항으로 변경되면서, 정부 주도하에 본격적인 산업안전 예방 시스템 구축이 진행되고 있다.

율 점검표를 통한 안전보건시스템의 기준 구축이다. 가장 확실한 재해 예방책이 아닐 수 없다. 아래 그림은 기업 내 안전보건계획의 수립과 이행에 관한 전반적인 절차다.

*출처: 고용노동부, 2022년 안전·보건계획 수립 가이드북

여기서 중요한 사항은 안전보건계획의 수립과 이행, 평가 및 개선이 매년 기업의 안전보건 환경 변화에 대응하여 지속적으로 이루어져야 한다는 점이다.

기업 대표자는 매년 전년도 안전보건계획의 이행 실적을 평가해 미흡했던 부분을 보완해야 한다. 또한 구체적인 추진 일정과 소요 예산을 반영하여 안전보건계획을 수립할 수 있어야 한다.

그리고 안전보건계획을 수립하고 검토하는 과정에서 대표자는 사업장의 안전보건관리자로부터 산업재해가 발생한 사고 내용과 빈도, 위험성이 높은 작업의 원인과 개선 방안 등에 관한 의견을

청취하고, 산업재해 위험 요인을 자체 평가해 개선될 수 있도록 해야 한다.[4]

핵심 요소	실행 전략
경영자 리더십	· 안전보건에 대한 의지를 밝히고, 목표를 정합니다. · 안전보건에 필요한 자원(인력·시설·장비)을 배정합니다. · 구성원의 권한과 책임을 정하고, 참여를 독려합니다.
근로자 참여	· 안전보건관리 전반에 관한 정보를 공개합니다. · 모든 구성원이 참여할 수 있는 절차를 마련합니다. · 자유롭게 의견을 제시할 수 있는 문화를 조성합니다.
위험요인 파악	· 위험요인에 대한 정보를 수집하고 정리합니다. · 산업재해 및 아차사고를 조사합니다. · 위험 기계, 기구, 설비 등을 파악합니다. · 유해인자를 파악합니다. · 위험장소 및 작업형태별 위험요인을 파악합니다.
위험요인 제거 대체 및 통제	· 위험요인별 위험성을 평가합니다. · 위험요인별 제거, 대체 및 통제방안을 검토합니다. · 종합적인 대책을 수립하고 이행합니다. · 교육훈련을 실시합니다.
비상조치 계획 수립	· 위험요인을 바탕으로 '시나리오'를 작성합니다. · '재해 발생 시나리오'별 조치계획을 수립합니다. · 조치계획에 따라 주기적으로 훈련합니다.
도급용역 위탁 시 안전보건 확보	· 산업재해 예방 능력을 갖춘 사업주를 선정합니다. · 안전보건관리체계 구축 및 운영 시 사업장 내 모든 구성원이 참여하고 보호받을 수 있도록 합니다.
평가 및 개선	· 안전보건 목표를 설정하고 관리합니다. · '안전보건관리체계'가 제대로 운영되는지 점검합니다. · 발굴된 문제점을 주기적으로 검토하고 개선합니다.

*출처: 고용노동부, 중소기업을 위한 안전보건관리 자율 점검표

---

4 이상의 내용은 2022년 안전·보건계획 수립 가이드북(고용노동부, 2022. 1.)을 기술한 것이다.

이에 발맞춰 고용노동부에서 발간한 중소기업을 위한 안전보건관리 자율 점검표에서는 안전보건관리 체계의 7가지 핵심 요소를 제시하고 있다.

2. 최저임금에 대한 치열한 눈치전

매년 기업에서는 1년 계획을 세우기 마련이다. 그중에서 하반기에 반드시 최우선으로 확정 지어야 할 부분은 올해 인건비 내역과 내년도 인건비 예상액이다. 이때 내년도 인건비 산정의 최우선 기준은 최저임금이다.

예전에는 최저임금이 높지 않았기 때문에 최저임금에 미달되는 경우는 흔치 않았다. 따라서 사업장에서는 보다 탄력적으로 인건비를 구성할 수 있었다. 그러나 2018년과 2019년 2개년의 최저임금 인상률이 기존의 2배를 상회했다. 최저임금 1만 원대 돌입이 가시화된 현시점에서는 최저임금이 인건비 산정의 절대적인 기준이 되었다.

최근 2024년 최저임금이 결정되었다. 최저임금은 통상 전년도 5월부터 최저임금 위원회가 구성되어 치열한 토론을 거쳐 7월경 확정되고, 매년 8월 5일 고용노동부 장관이 발표한다.

최저임금은 평균 물가상승률 등을 반영해 결정하는데, 최근 몇 년간 코로나19에 따른 경기 악화를 고려하여 소폭 상승했다. 최근 흐름과 비교해 보면 2024년은 2021년과 함께 역대 최저 상승률(2023년 대비 2.5%, 240원 인상)이라고 할 수 있다. 경영계 입장을 어느 정도 반영했다는 평가다.

2022년부터 최저임금 인상률이 실질 물가 인상률을 반영하지 못했다는 노동계 평가가 있었다. 특히 노동계에서는 최저임금 1만 원대를 달성하지 못했다는 아쉬움을 다양한 형태의 성명을 내며 토로하고 있다.

최저임금 인상이 사업장에는 어떤 영향을 미칠까? 왜 미디어에서는 최저임금 결정 시기나 연말연시가 되면 최저임금 관련 기사가 연일 쏟아질까?

해답은 최저임금의 기능에서 찾을 수 있다. 최저임금은 최저임금법에 따라 대한민국에서 사업을 운영하는 사업주라면 반드시 준수해야 할 기준이다. 최저임금을 준수하지 않으면 징역 또는 벌금 등 형사처벌 대상이 된다. 즉, 최저임금법에서 정한 예외 사항에 해당되지 않는 이상 사업장에서는 근로자 임금을 결정할 때 반드시 최저임금 이상을 지급해야 한다. 따라서 최근 발표된 내년도 최저임금 인상은 단순히 기본급 인상뿐만 아니라 시급을 전제로 한 금품이 일제히 상승하는 효과를 낳는다.

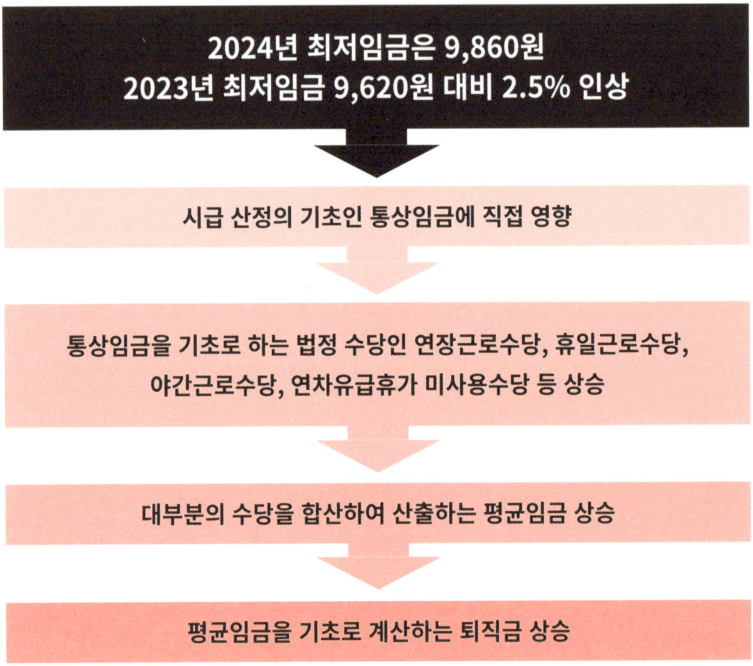

2024년 최저임금은 9,860원
2023년 최저임금 9,620원 대비 2.5% 인상

⬇

시급 산정의 기초인 통상임금에 직접 영향

⬇

통상임금을 기초로 하는 법정 수당인 연장근로수당, 휴일근로수당, 야간근로수당, 연차유급휴가 미사용수당 등 상승

⬇

대부분의 수당을 합산하여 산출하는 평균임금 상승

⬇

평균임금을 기초로 계산하는 퇴직금 상승

위 그림에서 알 수 있듯이 최저임금의 변화는 현재 임금 산정 기준인 시급(통상임금)뿐만 아니라, 통상임금을 기초로 하는 법정 수당 및 이를 합산한 하루 일당에 해당하는 평균임금에도 영향을 미친다. 그리고 최종적으로 평균임금을 기초로 하는 퇴직금까지도 최저임금 상승의 영향을 받는다.

예를 들어 주 40시간을 근무하는 사업장에서 근로자가 8월에 연장근로를 10시간 한 경우 2023년 최저임금과 인상된 2024년 최저임금을 기준으로 사업주가 지급해야 할 임금은 다음과 같다.

임금 구성(단위: 원)	2023년	2024년	차액
기본급(월 209시간 기준)	2,010,580	2,060,740	50,160
연장근로수당	144,300	147,900	3,600
임금 합계	2,154,880	2,208,640	53,760

위 표에서 알 수 있듯이 같은 시간을 근무하더라도 시급 240원이 오르면 기본급은 50,160원, 연장근로수당은 3,600원 인상된다. 2024년에는 최저임금 기준 약 5만 4천 원 상당의 추가 인건비 지출이 예상된다.

이뿐만 아니라 최저임금 인상에 따른 임금 상승은 4대 보험료의 기준이 되는 월평균 기준 보수액의 인상으로 이어진다. 이에 따라 4대 보험료가 인상되면서 근로자는 임금 인상액 대비 4대 보험료 공제액이 더 커져 실수령액이 감소한다. 사업주는 4대 보험료 자체가 오르기 때문에 간접노무비 상승효과까지 나타난다.

최저임금은 매년 1월 1일 예외 없이 바로 시행된다. 따라서 12월 말까지 근로자 시급이 다음 연도 최저임금에 미달하면 사업주는 최저임금에 맞춰 인상해야 한다. 만일 사업장의 연봉 인상 시기 등 경영상 사정으로 1월분 급여를 최저임금에 미달한 시급으로 산정했다면 사업주는 3년 이하의 징역 또는 1천만 원 이하의 벌금형에 처해진다. 또한 위반이 수회 반복되면 상습 임금 체불 사업장 및 사업주로 고용노동부에 명단이 게시될 뿐만 아니라 각종 정부 지원사업에서 혜택을 받을 수 없다.

임금 명세서 사업주 의무 발행 제도와 관공서 공휴일이 5인 이상 사업장에도 적용되면서 이제는 어느 때보다 임금 계산이 민감한 시기가 되었다. 하반기부터 시작해 내년 첫 임금 지급기 직전까지 그동안 사업장에서 지급했던 임금에 최저임금 위반 사항이 없는지 검토해 보고 내년도 인건비를 반드시 예상해 볼 필요가 있다.

3. 4대 기초노동질서 확립을 위한 노동청 조사 강화

1) 최근 근로감독 방향

2023년 고용노동부에서 발표한 근로감독 방향은 2022년과는 다르다. 각종 직종에 대한 집중적 단속이 아니라 특정 제도에 대한 집중 단속을 예고했다. 구체적인 근로감독 대상은 아래와 같다.

< 2023년 근로감독 방향 >

ㄱ. 포괄임금제: 공짜 야근 근절

ㄴ. 주 52시간제: 장시간 근로 개선

ㄷ. 4대 기초노동질서 확립

ㄹ. 유해·위험 업종 단속: 특히 건설 및 제조업(중대재해 예방 차원)
ㅁ. 직장 내 괴롭힘 및 성희롱 엄벌

위 표에서 알 수 있듯이 이제는 노사 양측이 알 수 있는 방법으로 근로조건을 표시한 증거가 반드시 존재해야 한다. 향후에는 중대재해 예방을 위해 장시간 근로나 산업재해 발생률이 높은 사업장은 어떤 방식이든 집중적으로 조사하겠다는 것이 고용노동부의 전반적인 감독 방향이다.

고용노동부의 정기조사는 대체로 5월부터 10월경 집중적으로 시행되었으나, 2022년부터는 상시적으로 이루어져 연말까지 많은 사업장이 고용노동부의 근로감독을 거치고 있다. 특히 고용노동부 산하 노동청에 어떤 방식으로든 법 위반 사항의 진정(신고)이 접수되면 해당 사업장은 즉시 조사를 받을 뿐만 아니라 당해 연도 또는 차년도 고용노동부 정기조사 대상으로 선정될 확률이 매우 높다. 따라서 최우선 관리가 필요하다.

2) 사업장 필수 준수 사항으로서 4대 기초노동질서

소규모 사업장에서는 임금 체불 등 기초적인 노동 사건이 반복된다는 통계를 바탕으로, 고용노동부에서는 몇 년 전부터 '현장 예방 점검의 날'을 운영하고 있다. 이를 통해 지방 노동청별로 매분기 취약 업종을 선정해 4대 기초노동질서 준수 여부를 집중적으로 단속하고 있다.

다만 영세사업장의 특성을 고려해 '현장 예방 점검' 전에 스스로 법을 준수할 수 있도록 사전 계도를 위한 자율 점검표를 송부한 후 점검을 진행했다. 구체적으로 고용노동부에서 단속하는 4대 기초노동질서 항목은 다음과 같다.

< 4대 기초노동질서 준수 항목 소개 >
ㄱ. 서면(종이 또는 전자문서) 근로계약 체결: 서면 근로계약서 작성
ㄴ. 임금 명세서 교부
ㄷ. 최저임금 준수
ㄹ. 임금 체불 예방

2022년부터 실시된 4대 기초노동질서 단속 결과, 가장 빈번히 적발되는 사항은 임금 명세서 교부다. 2021년 하반기부터 실시된 임금 명세서 교부 의무는 임금 구성 항목 등의 명확성과 분쟁 발생 시 증거로서의 기능을 강화하기 위해 등장했다.

실제로 4대 보험을 취득한 근로자는 임금 프로그램에 입력하면 손쉽게 임금 명세서가 작성되어 이메일 또는 SNS를 통해 교부

되기 때문에 제도 시행이 크게 문제되지는 않았다. 문제는 4대 보험 미가입 및 일부 가입 근로자였다.

이들은 전산상 임금 명세서 처리에 어려움이 있기 때문에 일반적인 폼을 사업장에서 만들어 근로자에게 교부해야 하는 번거로움이 있다. 그 결과 많은 사업장에서 4대 보험 미가입 근로자에 대한 임금 명세서 미교부에 따른 진정(신고) 건이 급증했다. 따라서 고용노동부에서는 사업장 또는 사건 조사 시 1차로 근로계약서와 임금 명세서 제출을 요구하고 있다.

결론적으로 사업주는 4대 보험 가입 여부와 무관하게 사용 종속 관계가 인정되는 모든 근로자에게 매 임금 지급기(매월)마다 임금 명세서를 교부해야 한다. 아직까지 이를 실천하지 못했다면 지금부터라도 매월 사업장 모든 근로자의 임금 명세서 세부 내역을 점검하고, 교부 방법을 고민해야 한다.

3) 근로자 고충 처리 의무자로서 사업주의 역할

앞서 언급한 임금이나 근로시간, 근로계약서, 임금 명세서는 고용노동부의 사업장 조사를 통해 준수 여부를 손쉽게 확인할 수 있다. 따라서 사업주가 관심만 있다면 충분히 법 위반을 예방할 수 있다.

지금부터 다루는 근로자 고충, 대표적으로 직장 내 성희롱과 괴롭힘은 실제로 사업주의 개입이 없거나 사업주의 예상을 넘어선 범위에서 발생하곤 한다. 이 부분을 단순히 근로자 간의 문제로 다룬다면 사업주는 관심을 가질 필요가 없다. 그러나 노동 관계 법령에서는 사업주에게 직장 내 성희롱과 괴롭힘 예방 및 대응 의무를 명시적으로 부과했다.

특히 근로자 고충은 비교적 지위가 열악한 하위직이 피해자가 될 가능성이 높다. 아울러 피해 사실 은폐 우려, 피해자의 극심한 정신적 고통과 개인적 해결의 어려움 등도 고려해야 한다. 국가에서는 입법을 통해 건전한 사업장 분위기 형성 및 유지 의무를 사업주에게 부과했다.

직장 내 성희롱이나 괴롭힘은 신고자 또는 피해자에게 사업주나 행위자가 가할 수 있는 불이익 조치 때문에 적절한 시기에 해결되지 못한다는 특성이 있다. 그래서 고용노동부에서는 이런 사건의 진정(신고)이 들어오면 즉각 조사를 수행한다. 동시에 해당 사업장에는 고용 문화 개선을 위한 계획서 제출까지 요구한다.

즉, 다른 사건에 비해 고용노동부에서 적극적으로 대응하고 있다. 향후 더욱 강력하게 대처할 예정이기 때문에 불미스러운 일이 발생하지 않도록 사업주뿐만 아니라 사업장 전체 구성원의 교육, 근절 의지를 고취시키기 위한 조치 등을 실시해야 한다. 만일 이러한 기업의 의지가 없다면 직장 내 성희롱 및 괴롭힘이 발생해 고용노동부의 집중 조사를 받을 뿐만 아니라 기업 이미지가 저하되어 경영 위기가 도래할 수도 있다

< 유명 미용 브랜드의 운명을 가른 직장 내 성희롱 사건 >

P사는 미용업계에서는 드물게 남성 헤어디자이너(A 대표)가 만든 브랜드로 전국에서 가장 많은 가맹점을 보유하고 있었다. 회사 대표이사 A는 실력 하나로 업계에서 인정받았다. 이를 동경하는 많은 후배가 그에게 배우기 위해 몰려들었다. 그의 이름을 딴 브랜드 가맹점을 오픈하기 위해 수많은 문의도 있었다.

그러나 2013년 1월 A는 매장에서 근무하던 여직원 B로부터 강간 및 강제추행 혐의로 고소를 당했다. 게다가 같은 해 지방 세미나 당시 술에 취한 상태로 C 등 3인을 성추행한 혐의도 추가되었다.

당시 A는 피해자들과 합의했고, 고소는 취하되었다. 실제로 A는 형사처벌을 면했다. 그러나 A는 직장 내 성희롱의 직접 행위자로서 본인의 평가뿐만 아니라 브랜드 이미지까지 실추시켰다. 사건 이후 P사 가맹점주들은 즉각 가맹계약 해지를 요청했고, P사 매출은 전년에 비해 하락세를 측정하기 어려울 정도로 추락했다.

4. 정부지원금의 변화 – 고용지원금은 줄고, 시설지원금은 늘고

1) 고용지원금 시장의 위축

고용지원금 시장은 2017년과 2018년을 기점으로 크게 성장했다. 고용지원금의 재원인 고용보험 자체 규모는 크게 확대되지 않았지만, 정부는 경기 부양 및 일자리 창출의 일환으로 직원을 채용한 사업주에게 인건비 지원을 아끼지 않았다.

당시 대표적인 제도가 청년 추가 고용지원금이다. 만 34세 미만 청년을 고용한 사업주에게는 월 75만 원, 연간 900만 원을 3년 동안 지원해 줬다. 최초의 청년 추가 고용지원금은 그냥 해당 청년을 고용한 달의 직전 달을 기준으로 사업장 내 근로자 수가 증가하면 지급했다.

이후 고용 증가 지표의 기준을 직전 달 또는 당해 연도 대신 전년도 평균 근로자 수로 변경했다. 그 결과 지급해야 하는 지원금이 크게 늘었다. 정부 재원이 줄어들자 급기야 3년이던 지원 기간을 1년으로 줄였고, 이제는 대상도 축소했다. 사회 초년생을 채용할 경우에만 지급하는 방식으로 전환되었다.

이에 반해 만 50세 이상 신중년이나 만 60세 이상 고령자 채용에 대한 지원금 시장은 확대되었다. 하지만 실제로 해당 지원금에 맞는 신중년 또는 고령자의 요건을 충족하기란 쉬운 일이 아니었다. 더욱이 이들을 정규직으로 채용해야 한다는 한계 때문에 신중

년과 고령자 채용 지원금은 잘 활용되지 못했다. 대신 계약직을 마치 정규직으로 채용한 것과 같은 부정수급 행위가 속출했다.

더욱이 사업계획서 승인을 통해 지원금을 받을 수 있는 시간선택제(주 30시간 미만 단시간 근로자 사용 시 지원)나 비정규직의 정규직 전환에 대한 지원금은 심사가 까다롭다. 승인율이 매년 떨어지고 있기 때문에 이러한 지원금을 신청하는 데 전문가의 도움이 없으면 어려움이 큰 것이 현실이다.

그나마 코로나19로 활동성에 제약을 받던 2020년에서 2022년 사이에는 근로자의 시차 출퇴근에 대한 지원금이 있었다. 일시적인 경영 악화에 따른 휴업수당을 지급하는 고용유지지원금도 있었는데, 이런 지원금 덕분에 어려움을 버틸 수 있었다.

하지만 2023년 위드 코로나 시기가 도래하면서 시차 출퇴근에 대한 지원금은 중단되었다. 고용유지지원금 역시 매출 하락 요건을 충족하는 데 한계가 있어 신청 비율이 감소했다.

2) 고용지원금을 대체할 시설지원금 시장의 확대

고용지원금 시장이 축소된 반면, 정부는 산업재해 예방을 위해 사업장에 산업재해 예방 시설 설치에 따른 지원금과 정책자금 시장을 확대했다. 이들 지원금은 고용노동부 산하 안전보건공단에서 신청을 받아 지급한다.

구체적으로는 클린 사업장(산업재해 예방 시설) 조성, 근로자

건강센터와 휴게시설 설치 등을 지원한다. 또한 4대 보험에 모두 가입한 근로자뿐만 아니라 최근 산재보험 가입 대상이 된 보험설계사나 택배 기사 등 특수고용직 근로자까지도 뇌·심혈관 질환 등에 대한 건강검진비 80%를 지원하는 등 안전보건 분야의 지원이 확대되고 있다.

그리고 취약계층으로 분류된 경력 단절 여성이나 장애인, 고령자 채용에 따른 사업주 지원은 계속되고 있다. 신규 근로자 채용을 고려하는 사업장은 이를 참고할 필요가 있다.

2부

2024년 미리보기

1. ESG의 지표로서의 인사노무 관리

1) ESG에 대한 관심을 기대하며

　ESG는 필드에서 일하는 FP라면 한 번쯤은 들어 봤을 단어다. ESG가 무엇의 약자인지까지 아는 사람도 제법 많다. 여기까지 왔다면 왜 ESG에 관심을 가져야 하는지 문제의식을 가질 필요가 있다.
　최근 대기업만 ESG에 관심을 가지면 그만인 것 같은데 굳이 산업 전반, 특히 정부까지 나서서 적극 지원하는 모습을 보면서 의아한 사람도 있을 것이다. 허나 자세히 보면 ESG는 기업에만 국한된 문제가 아니다. 현시점에서는 ESG의 역할에 관심을 가져야 한다.

이 글이 끝나는 시점에 당장 ESG에 대비하지 않으면 기업을 운영하기 힘들 것이라는 인식을 사업주가 가졌으면 하는 바람에서 이번 주제를 준비했다. 물론 기업을 대상으로 컨설팅하는 FP도 관심을 가지고 내용을 숙지해야 할 것이다.

ESG는 한마디로 기업의 비재무 지표다. 기존에 기업을 평가할 때는 주로 재무 지표를 이용했다. 이제는 재무 지표 외에 환경(Environment)을 보호하는지, 사회(Social) 구성원에 대한 보호를 이행하는지, 그리고 기업의 지배구조(Governance)가 건전하고 부패하지 않았는지를 따진다. 이에 대한 세부 지표를 만들고, 각 지표별 현황을 분석해 기업 가치를 평가한다.

그렇다면 2024년, 왜 기업에서는 ESG를 준비해야 할까? 해답은 2025년 상장사의 ESG 지표 공시 의무에 있다. 상장사에 공시 의무가 부과되면서 상장사와 관련 있는 모든 기업 역시 ESG 지표를 관리해야 하기 때문이다. 상장사와 거래하는 관련 회사는 ESG 지표를 관리하지 않으면 더 이상 상장사와 거래하기가 힘들어진다. 정부 및 공공기관 역시 ESG 지표를 공시해야 한다. 해외 바이어들도 국내 기업에게 ESG 수준을 수출국이 원하는 만큼 충족할 것을 요구하고 있다.

대체 ESG의 구조가 어떻게 되어 있기에 공시 의무가 없는 공급망(하청 및 협력사 등)에서까지 관리해야 하는 것일까? 심지어 정부까지 나서서 말이다. 바로 '공급망의 ESG 관리'라는 지표 때문이다. ESG 가운데 S 영역에 '공급망의 ESG 관리'가 들어 있다.

ESG를 공시해야 하는 기업에게는 자신과 거래하는 공급망의 ESG를 관리하는 것 자체가 ESG 경영 측정의 지표가 된다. 따라서 공시 의무가 없는 모든 관계사에 ESG 지표를 요구하는 것이다.

물론 상장사가 공급망의 ESG 관리를 위해 여러 지원을 하고 공급망에 해당하는 기업의 사정을 일일이 고려해 ESG 지표 충족을 요청하기란 어려운 일이다. 그럼 이 문제를 어떻게 해결할까? 결국 상장사는 앞으로 ESG 지표를 충족하는 업체로만 거래를 제한할 것이다. 반대로 얘기하면 향후 ESG 지표를 충족하지 못하는 업체는 상장사와의 거래가 힘들어질 것이다.

정부에서는 이러한 기업 현실을 고려해 중소기업을 대상으로 지원책을 내놓을 것이다. ESG 관련 각종 지원 및 정책자금 신청을 위한 요건 자체에 ESG 충족 여부를 포함시켜 어떤 방식이든 기업이 계속 상장사 및 정부 그리고 해외 업체와 거래할 수 있도록 환경을 조성할 것이다.

2) ESG에서 인사노무의 위치

'S(Social)'는 비재무 지표 중 사람과 관계된 내용이다. 기업 경영에서 가장 큰 비중을 차지하는 요소는 결국 사람이다. 기업 구성원과의 관계가 얼마나 잘 조성되어 있는지, 노사관계가 공정하고 협력적으로 이루어졌는지를 지표로 만들어 측정하는 것이 'S'의 영역이다. 'S' 영역에서 인사노무 분야의 대표적인 가이드라인으로 제시하는 내용은 아래와 같다.

직접 근로자와의 관계	안전보건, 채용, 일·생활 양립, 남녀평등, 근로시간 등
노동조합 등 근로자 집단과의 관계	비정규직 차별 금지, 건전한 노사관계, 집회 및 결사의 자유, 고충 처리 등
공급망(협력 업체)	강제노동 및 아동노동 금지, 안전관리, 동반성장 등

위 지표가 'S' 분야의 70% 정도를 차지하는 항목이다. 가장 기본인 근로시간, 임금, 휴일, 휴게부터 현행법에 맞게 잘 운영해야 한다. ESG는 사실 새로운 개념이 아니다. 그동안 간과했던 기업 경영의 기본을 잘 지키자는 것이다.

주의할 부분도 있다. 현재 우리 기업의 ESG 지표가 국내법상 위반 사항이 없다고 해서 이를 글로벌 스탠더드에 부합한다고 간주하면 안 된다. 예를 들어 국내 자동차 제조사의 미국 공장에서 최근 아동노동이 문제가 되어 기사화되었다. 미국 내 자동차 제조 생산 라인에 투입된 하청 소속 연소자 근로자가 중장비 기계를 조작했다는 이유로 아동노동 금지 조항을 위반했다는 소식이었다.

국내였다면 18세 미만 연소자가 생산 현장에서 중장비를 조작해도 문제가 되지는 않는다(중장비 조작 자격이 필요한 경우가 아니라면 한국에서는 크게 문제가 되지 않는다). 하지만 중장비가 다른 나라에 들어갈 때는 문제가 될 수 있다.

우리 기업에서 만든 제품을 직접 수출하지 않고, 거래처에서 가공해 해외로 수출한다고 해도 문제는 발생할 수 있다. 앞서 기술한 공급망 ESG 관리 이슈 때문이다. 그 결과 우리 기업의 인사노무 관계가 문제의 소지가 될 수도 있다. 결국 국내에서 제시하는 ESG 가이드라인뿐만 아니라 해외 가이드라인까지 보다 꼼꼼히 살펴볼 필요가 있다.

2. 사내근로복지기금을 바라보는 노무적 관점

1) 사내근로복지기금

사내근로복지기금이란 기업의 이익잉여금 등을 출연해 재단법인을 설립하여 근로자의 복지 증진을 도모하는 사내 복지제도이다. 근로자의 생활 안정과 복지를 위한다는 측면에서 분명 의미 있는 제도라고 할 수 있다.

　사내근로복지기금의 장점은 무엇보다 세금 혜택에 있다. 우선 근로자 입장에서 살펴보자. 사내근로복지기금은 근로소득세와 4대 보험료를 부담하지 않고 활용할 수 있는 소득이다. 일종의 비과세 급여인 셈이다. 예를 들어 복리후생용 금품을 회사로부터 직접 받는다면 급여로 처리될 수 있지만, 사내근로복지기금을 통해 받는다면 별도의 소득으로 간주되지 않는다.

　사업주 입장에서도 법인세 절감 효과가 있고, 경우에 따라서는 정부지원금도 받을 수 있다는 장점이 있다. 직원을 위해 지출할 비용을 미리 사내근로복지기금에 적립한 후 지급함으로써 세제 혜택과 각종 지원을 받는 구조다. 잘 운영된다면 근로자도 좋고, 사업주도 좋은 제도다.

　최근 최저임금이 상승하면서 사내근로복지기금에 대한 중소기업의 관심이 증가했다. 더욱이 2개 이상의 기업이 함께 사내근로복지기금 재단을 구성하면 정부 지원도 받을 수 있다. 근로복지공단을 통해 출연금액의 100% 범위 내에서 정부가 출연금액을 추가로 지원해 주는 제도가 있다. 2015년 이후 많은 사업장에서 관심을 가지고 도입하는 추세다.

　실제로 사내근로복지기금 도입이 중소기업 관점에서 효과가 있을지는 아직 미지수다. 한 가지 분명한 점은 사내근로복지기금을 통해 지급되는 금품은 비과세 대상이기 때문에 사업주나 근로자 모두에게 이득이라는 사실이다. 실례로 4대 보험 부담분이나 소득세가 발생하지 않아 절세 효과가 있다는 점에서 노사 양측 모두에게 매력적이지 않을 수 없다.

무엇보다 사내근로복지기금 재단 법인을 관리하는 기관이 고용노동부라는 사실도 기억할 필요가 있다. 세무조사에서 자유롭다는 뜻은 아니지만, 국세청의 주요 관심 대상이 아닐 수 있다는 의미이다. 결국 이를 잘 활용해 이득을 얻는 것은 사업주의 판단과 적절한 운영에 달려 있다. 물론 애초에 정보를 전달하는 FP의 역할도 중요하다고 할 것이다.

2) 사내근로복지기금의 활용도

사내근로복지기금의 근거가 되는 근로복지기본법에서는 기금의 사용 용도를 아래와 같이 열거하고 있다.

- 근로자 주택 구입 및 임차보증금 지원
- 근로지 복지시설(예: 기숙사, 구내식당 등)에 대한 출자
- 근로자의 우리사주 구입비 지원
- 저소득 근로자 생활 안정 자금 대부
- 근로자 재난 구호금 지급
- 근로자 및 그 가족에 대한 장학금 지급
- 근로자 체육 및 문화 활동 지원
- 근로자의 날 행사 지원

사내근로복지기금으로 이익 사업을 할 수도 있다. 대표적으로 예금이나 펀드 가입 등 투자도 가능하다. 또한 직접 기업에 투자할 수도 있기에 앞서 기술한 바와 같이 근로자의 우리사주 구입비로 활용할 수도 있다. 결과적으로 사내근로복지기금의 재원을 활용해 기업에 대한 근로자의 애착을 강화시키는 셈이다. 또한 우리사주 도입에 따른 반사효과로 추후 기업 상장 시 특수관계인의 주식 문제도 어느 정도 해결할 수 있다.

기업 차원에서는 사내근로복지기금에 투입되는 재원이 기부금으로 처리되기 때문에 법인세 절감 효과가 있다. 실제로 매출 증가로 외부감사 대상이 될 상황이었던 기업이 사내근로복지기금 제도를 도입해 외부감사 대상에서 제외된 사례도 있었다. 사내근로복지기금이 법인의 자산 총액을 감소시켜서 선정 기준에 미달한 것이다.

이렇듯 사내근로복지기금은 제대로만 운영한다면 충분한 장점이 있다. 근로자에게는 실질임금 상승의 효과가 발생하고, 기업은 절세 등 비용 절감의 효과가 발생할 수 있기 때문이다. 꾸준히 매출이 증가해 이익잉여금 리스크가 발생하는 기업이라면 고민해 볼 만한 매력적인 제도가 아닐 수 없다.

3. 정부 지원 컨설팅의 알짜 활용

1) 알면 돈이 되는 정부 지원 컨설팅

최근 2년 동안 코로나19 영향으로 전 세계 기업 환경은 예측할 수 없는 방향으로 흘러갔다. 국내에서는 노동 관계 법령으로 근로조건의 법정화가 빨라지면서 근로계약 및 근로조건과 관련된 회사 내 제도 정비가 주요 이슈로 떠올랐다. 이는 기존 사업주뿐만 아니라 창업을 준비하는 예비 사업주에게도 중요한 관심사다.

근로조건의 법정화로 노동 관계 법령에 편입된 주요 사항에 대해 법적 제재가 예정되어 있다. 단순히 법 위반의 적발에서만 그치는 게 아니다. 위법 내역이 고용노동부 전산에 몇 년간 축적되어 사업장 관할 노동청의 지속 관리 및 집중 조사 대상으로 지목될 가능성이 높다. 따라서 비용을 지출하더라도 반드시 인력 현황에 맞는 인사노무 제도 설계가 필수라는 인식이 확산되고 있다.

이러한 현실을 반영해 최근 인사노무 컨설팅 수요가 증가하고 있다. 하지만 실제 기업 입장에서는 인사노무 컨설팅 비용이 부담스럽고, 최신 트렌드 반영 여부가 불명확하기 때문에 망설여지는 측면이 있다. 이에 정부에서는 검증된 컨설턴트에게 최신 트렌드를 반영한 인사노무 컨설팅을 받을 수 있는 다양한 경로를 마련해 두었다.

컨설팅을 수행하는 관할 부처는 다르지만, 기본적으로 정부

지원 인사노무 컨설팅의 장점은 다음과 같다.

첫째, 금전적 이점이 있다. 노무사를 통해 사업장 진단 및 맞춤 컨설팅을 받는다면 실제로 사업장에서 원하는 부분이 많을수록 컨설팅 비용도 기하급수적으로 증가한다. 특히 중소기업은 인사노무 컨설팅이 절실하지만, 비용 때문에 컨설팅을 주저하는 경향이 크다. 이러한 현실을 반영해 정부에서는 일정 요건을 충족한 중소기업에 필요한 컨설팅 비용의 일부 또는 전부를 지원해 줌으로써 사업장 맞춤 인사노무 제도가 정착될 수 있도록 하고 있다.

둘째, 각종 정부 혜택에 긍정적 영향을 미친다. 정부 지원 컨설팅은 고용노동부뿐만 아니라 중소벤처기업부에서도 직접 또는 산하 기관을 통해 수행하고 있다. 정부 지원 컨설팅을 완료한 사업장은 정부가 지원하는 정책자금 심사 시에 노동 관계 법령 준수 등의 윤리경영 분야에서 긍정적 결과를 얻을 수 있다.

또한 정부 지원 컨설팅 수행 시 사업장의 인력 및 인건비 집행 현황 등을 파악할 수 있다. 사업장에 부족한 인력과 그 인건비 충당의 일환으로 고용지원금을 함께 설계할 수 있어 결과적으로 기업의 인건비 효율성을 높여 줄 수 있다.

셋째, 사업장 내 인사노무 제도를 구축할 수 있다. 정부 지원 컨설팅을 수행하는 컨설턴트는 컨설팅 전에 반드시 사업 수행 계획서를 작성해 적합성 여부를 정부 기관으로부터 심사받아야 한다. 이때 최신 인사노무 트렌드, 즉 개정 노동 관계 법령과 정부의 노동정책 방향에 부합하는지 여부가 적합성을 판단하는 중요 지표가 된다.

사업 수행 계획서를 승인받은 컨설턴트는 계획서상 컨설팅 분야에 대해 사업장 현황에 맞게 컨설팅을 진행한 후 결과 보고서를 정부 기관에 제출한다. 이후 사업장에 새로 정비된 인사노무 제도가 잘 정착되었는지 모니터링까지 마쳐야 정부 지원 컨설팅이 종료된다. 따라서 정부 지원 컨설팅을 통해 사업장 내에 최신 트렌드를 반영한 인사노무 제도가 정비된다는 것이 최대 장점이다.

2) 정부 지원 컨설팅의 공통 컨설팅 영역

정부 지원 인사노무 컨설팅은 관장하는 주무부처에 따라 대상 사업장 선정이나 컨설팅 내용에 다소 차이가 있다. 그러나 아래 부분에 대해서는 공통적으로 수행하고 있다.

- 인력 현황 및 인사노무 자료 구비 정도 진단(현황 분석)
- 근로계약서 설계
- 임금 설계
- 휴일, 휴가 및 휴게 설계
- 법정 의무 교육 자료 제공
- 사업장 규모별 기본 인사노무 제도 설계
- 정부지원금 승인 가능성 진단 및 분석

3) 소상공인 컨설팅

중소벤처기업부 산하 소상공인시장진흥공단이 주관하는 소상공인 컨설팅(또는 소상공인 역량 강화 사업이라 함)은 소상공인의 경쟁력 강화를 위해 경영 애로 소상공인 또는 예비 창업자를 대상으로 한다. 지원 제외 대상은 소상공인 정책자금 지원 제외 업종 및 사치 향락적 소비·투기 조장 업종 등이다.

구체적인 지원 내용은 크게 긴급 경영 컨설팅과 창의 육성 컨설팅으로 나뉜다. 인사노무 분야는 긴급 경영 컨설팅을 통해 이루어지고 있다

컨설팅		지원 내용	컨설팅 일수
지원 업종		음식업, 도소매, 서비스, 제조업, 기타	
지원 분야	경영	마케팅, 영업홍보, 프랜차이즈, 직원관리, 재무관리, 안전·보건 관리 등	1~4일
	브랜드·디자인	브랜딩 및 디자인 도입 및 고도화	
	법률	특허, 법률, 세무, 노무 등	
	기술	상품 및 메뉴 개발, 이·미용 비법 전수 등	
	투자·디지털 전환	소상공인의 디지털화, 투자·펀딩 등	

긴급 경영 컨설팅은 동일 신청인에게 연 1회에 한해 지원하고 있다. 컨설팅을 받으려면 소상공인 보호 및 지원에 관한 법률 제2

조에 따른 요건을 모두 만족해야 한다. 첫째, 주된 사업에 종사하는 상시근로자 수가 광업, 제조업, 건설업 및 운수업은 10명 미만, 그 밖의 업종은 5인 미만이어야 한다.

둘째, 주된 업종별 평균 매출액 등이 소기업 규모 이하여야 한다. 셋째, 예비 창업자는 임대차계약서 또는 등기사항 전부 증명서(자가 건물 소유) 소지자(사업 개시일 이전 사업자등록증 소지자 포함)여야 컨설팅을 신청할 수 있다.

구체적으로는 컨설팅 비용의 90%를 국비로(자부담 10%) 지원하고 있다. 컨설팅 비용은 총 120만 원(1일 30만 원)이며, 신청인의 자부담은 12만 원이 발생한다. 다만 아래 조건에 해당하면 자부담이 전혀 없다. 정부가 100% 지원한다.

- 간이과세자 및 일반과세자(최근 1년 매출 8,000만 원 미만)
- '은행 연계 경영 컨설팅' 신청 소상공인
- LH 희망상가 입점 소상공인
- 백년가게 또는 백년소공인으로 지정된 소상공인
- 지역 경제 위기 지역 소상공인
  (군산, 통영, 고성, 거제, 창원 진해구, 울산 동구, 목포, 영암, 해남)
- 신청일 기준 1년 이내 창업자
- 착한 임대인
- 상가 임대차 관련 신청인
- 소상공인 창업 및 성장 지원사업 수혜 1년 경과자

4) 비즈니스 지원단 현장 클리닉

중소벤처기업부 산하 비즈니스 지원단에서는 '현장 클리닉'이라는 컨설팅을 진행하고 있다. 가장 대중적인 컨설팅으로 많은 사업장에서 이를 통해 기본 인사노무 제도를 정비했다. 또한 중소벤처 기업부에서 주관하는 각종 혜택 심사에서도 본 컨설팅 수행 내역이 가점 요인으로 작용하고 있다.

현장 클리닉은 전문 상담만으로 해결되지 않은 애로 사항 해소를 위해 지원단이 지원 기업을 직접 방문해 제공하는 자문이다. 최대 3일까지 컨설팅이 수행된다. 단, 수출 기업 및 창업 기업의 수출과 기술개발 분야에 한해 최대 7일까지 지원할 수 있다. 예비 창업자 및 초기 창업 기업은 분야 제한 없이 7일(심층 컨설팅 승인 시 최대 14일)까지 지원한다.

현장 클리닉 지원 규모는 기업당 1일 35만 원(정부지원금 80%, 기업 부담금 20%)이고, 기업당 3일 이내, 연간 최대 5회(동일 분야는 연간 최대 2회)까지 지원된다. 예외적으로 복합 애로의 경우에는 3개 분야에 한해 현장 클리닉 동시 지원이 가능하다. 이때는 지방 중소기업청장의 사전 승인이 필요하고 동일 지원단 선정을 할 수 없다.

현장 클리닉 지원 대상은 전문 상담의 경우 중소·벤처기업, 소상공인, 자영업자 등 경영 기술상 애로가 있는 모든 중소기업이다. 그리고 직접 컨설팅 대상은 중소기업기본법 제2조의 2항에 따른 소기업(매출액 120억 원 이하)과 예비 창업자(비즈니스 지원단 운영 지침 별표 1)다. 단, 불건전 영상게임기 제조업, 유흥·오락업 등은 제외된다.

지원 대상 제외 업종

- 농업, 임업 및 어업 (01110 ~ 03220)
- 불건전 영상게임기 제조업(33402中),
  도박게임장비 등 불건전 오락용품제조업(33409中)
- 주류 및 담배 중개업(46102中)
- 귀금속 중개업(46107中)
- 주류(46331) 및 담배(46333) 도매업
- 사행성 오락게임용품 도매업(46463)
- 귀금속 도매업(46492)
- 소매업(47111 ~ 47999) (단, 전자상거래(47911) 기업은 지원)
- 숙박 및 음식점업(55101 ~ 56229)
- 금융 및 보험업(64110 ~ 66209), 부동산업(68111 ~ 68223)
- 불건전 게임소프트웨어 개발 및 공급업(58211, 58219中)
- 법무 관련 서비스업, 회계 및 세무 관련 서비스업(71201 ~ 71209)
- 경영컨설팅 및 공공관계서비스업(71532)
- 수의업(73100), 보건업(86101 ~ 86909)
- 오락장 운영업(91221 ~ 91229)
- 갬블링 및 베팅업(91241,91229)
- 그 외 기타 오락 관련 서비스업(91291 ~ 91299)
- 협회 및 단세 (941110 ~ 94990)
- 기타 개인 서비스업(96111~96999)

*한국표준산업분류상 세세분류코드 기준

지원 신청 가능 분야는 아래와 같다.

분야	세부 지원 내용
창업	창업절차, 공장설립, 사업타당성 검토, 연구소 설립, 벤처 등록 등
경영전략	경영전략 수립, 환경경영, CSR 컨설팅 등
마케팅/디자인	마케팅 전략, 판매전략, 홍보전략, 시제품 디자인, 패션/의류 디자인, 웹페이지 디자인 등
법무	법률자문, 상사분쟁, 인수합병, 국제분쟁, 회생·퇴출, 신용회복 등
금융	정책자금, 환위험 관리, 자금관리, 금융 및 보증기관 안내 등
인사노무	조직개발, 목표관리, 직무분석, 취업규칙 및 근로계약서 작성 등
회계(세무)	세법 검토, 조세법령 검토, 재무분석, 회계관리, 회계감사 자문 등
수출입	원산지 증명, FTA활용, 바이어 발굴, 수출계약 체결 등
기술	특허선행기술 조사, 지재권 관리, 해외출원, 우회설계, 기술보호 등
특허	지재권 관리, 해외출원, 기술보호 등
정보화	정보화전략 자문, 정보화기반 구축, 정보화 교육, 정보화 융합기술 등
생산관리	기술지도, 품질개선, 원가관리, 작업/공정개선, 스마트공장 추진 등

5) 노사발전재단 일터 혁신 컨설팅

정부 지원 인사노무 컨설팅 중 가장 지원 규모가 큰 사업은 고용노동부 산하 노사발전재단에서 실시하고 있는 일터 혁신 컨설팅이다. 앞서 기술한 컨설팅은 현행법상 최우선으로 정착되어야 하는 인사노무 제도의 기초 공사라면, 일터 혁신 컨설팅은 어느 정도 성장한 30인 이상 사업장의 직무 또는 직원 등 다양한 영역에서 정밀한 분석을 통해 노사 상생 및 동반성장을 위한 솔루션 제공에 초점을 맞추고 있다.

즉, 대기업에서 실시하고 있는 조직 성장전략에 기반을 둔 인사노무 컨설팅을 국가 지원을 통해 중소기업에서도 도입할 수 있도록 발판을 마련한 것이다. 일터 혁신 컨설팅은 지원 규모가 크기 때문에 앞서 기술한 컨설팅에 비해 지원 대상 선정이 다소 엄격하다. 특히 일터 혁신 컨설팅을 신청하려는 사업장은 다음 요건을 반드시 충족해야 심사 대상이 될 수 있다.

- 고용보험에 가입하고, 보험료를 체납하지 않은 사업장
- 고용노동부 공고일 기준
  최근 3년간 임금 체불 이력이 없는 사업장
  (근로기준법 제43조의 2 제1항,
  동법 시행령 제23조의 2에 의해 공표된 사업장은 지원 제한)
- 고용노동부 공고일 기준
  최근 3년간 산재 발생 이력이 없는 사업장
  (산업안전보건법 제9조의 2, 동법 시행령 제8조의 4 및
  시행규칙 제3조의 3에 의해 공표된 사업장은 지원 제한)

일터 혁신 컨설팅 분야는 다음과 같다.

영역	내용
장시간근로개선	교대제 전환, 유연근무제 등 사업자 여건에 맞는 근로시간 단축 방안 마련
장년고용안정체계구축	장년 근로자의 고용안정을 위한 인사관리제도 개선
고용문화개선	조직문화 진단 및 개선 방안, 양성평등 및 일·가정양립 지원 등
임금체계개선	직무·능력·역할 중심의 임금체계 개선 등 합리적인 임금체계 개선
평가체계개선	고용, 평가, 승진, 배치전환 등을 위해 공정하고 합리적인 평가체계를 구축하여 인적자원 관리시스템 구축 및 내부공정성 확보
노사파트너십체계구축	노사관계 전략 수립, 상생적 파트너십 기반 구축 및 운영 프로그램 설계 등을 통한 노사상생의 변화 추구
작업조직/작업환경 개선	직무수행자의 역할과 자율 확대, 과업 통합, 참여 확대 등을 통한 생산주체로서의 근로자 현장 책임 경영 구현
평생학습체계구축	경영전략(비전, 목표, 핵심가치 등)에 따른 교육체계 수립, 인재 확보 및 지속 가능한 경영발전 구현
안전한 일터 구축	기업의 작업환경, 보건, 안전실태에 대한 점검 및 안전대응 역량 강화 지원
노동전환	저탄소, 디지털 경제로 전환에 따른 기업과 근로자의 공정한 노동전환 지원

일터 혁신 컨설팅은 상시근로자 수 1천 명 미만 사업장의 경우 각 컨설팅 영역별로 전액을 국가에서 지원한다. 1천 명 이상 사업장은 1가지 분야에서 컨설팅을 수행하면 255만 원, 2가지 영역 이

상에서 수행하면 최대 765만 원의 사업장 부담금이 발생한다. 그리고 정밀 컨설팅인 만큼 수행 기간 역시 약 10~21주 사이로 꽤 장기간 진행된다.

6) 중소벤처기업 진흥공단의 제조 중소기업 혁신 바우처 사업

노사발전재단의 일터 혁신 컨설팅만큼 고가의 정밀 컨설팅을 중소벤처기업 진흥공단에서도 여러 분야별로 수행하고 있다. 제조 중소기업 혁신 바우처 사업이 그것이다. 즉, 일터 혁신 컨설팅만큼 정밀한 컨설팅을 보다 완화된 요건을 적용해 많은 사업장이 지원받을 수 있도록 중소벤처기업 진흥공단에서 제조업에 특화된 컨설팅을 진행하고 있는 것이다.

본 컨설팅은 기술 및 경영 능력이 열악한 제조기업을 대상으로 기업진단에 따라 바우처 방식의 맞춤형 서비스를 제공해 경쟁력을 강화하는 것이 목적이다. 본 컨설팅은 총 584억 5천만 원을 한도로 1,800개 사업장을 지원하고 있다. 구체적인 신청 대상은 매출액 120억 원 이하 제조 중소기업이다.

지원 제외 대상 사업장은 휴·폐업 기업, 금융기관으로부터 불량 거래처로 규제 중이거나 국세 및 지방세 체납이 확인된 기업이다. 단, 신용회복위원회의 프리워크아웃, 개인워크아웃 제도에서 채무조정 합의서를 체결했거나, 법원의 개인회생제도에서 변제 계획 인가를 받거나, 파산면책 또는 회생 인가를 받거나, 재기 컨설팅을 신청한 기업은 지원할 수 있다. 그 외에 개별 지원 프로그램에서 지원 제외 대상으로 열거한 기업은 본 컨설팅의 지원 제외 대상에도 포함된다. 정부 지원 보조율은 아래 표와 같다(정부지원금 최대 한도는 5천만 원).

최근 3년 평균 매출액	정부 보조율	자부담 비율
3억 원 이하	90%	10%
3억 원 초과 ~ 10억 원 이하	80%	20%
10억 원 초과 ~ 50억 원 이하	70%	30%
50억 원 초과 ~ 120억 원 이하	50%	50%

본 사업은 총 3개 분야, 14개 영역에서 제조업체에 컨설팅을 실시하고 있다. 그중 경영 컨설팅(인사 조직 분야)과 규제 대응 컨설팅(근로시간 단축)을 통해 인사노무 컨설팅을 지원받을 수 있다.

*탄소중립 경영혁신 바우처, 재기커설팅 바우처는 별도의 보조율 적용

분야	서비스 프로그램	서비스 지원 내용	한도 (백만 원)
컨설팅 (7개)	경영기술 전략	생산관리, 품질관리, 기술사업화 전략, 노무, 인사, 조직, 세무, 재무, 회계, 경영전략, 구조개선, 영업전략	15
	스마트공장 추진전략	스마트공장 진단 및 실용화, 활성화, 고도화를 위한 전략 수립	15
	안전보건 및 규제대응	- 산업안전(위험성평가, 공정안전관리, 근로자건강장해 예방 등) - 노동법 대응(최저임금제, 근로시간 대응 등) - 화학물질 관리 대응 등 - 지적재산권 분쟁 대응(분쟁IP분석, 대상IP무효화, 분쟁 공동 대응 등)	15
	융복합	적합도 분석, 협업계획서 작성 및 협업 승인 지원 등	20
	ESG	수준진단 및 평가, 공급망 실사 컨설팅, ESG 관련 인증 등	20
	재기	별도 트랙 활용 지원	-
	탄소중립	별도 트랙 활용 지원	-
기술지원 (4개)	시제품 제작	디자인 목업, 제품 형상 구현(샘플금형, 비금형, 정밀 미세가공, 섬유, 식품), 시제품 설계(회로, CAD) 등	30
	시스템 및 시설 구축	생산관리 정보화, 기술유출방지 시스템, 연구시설, 스마트공장 구축, 공정설계(생산공정, 생산라인) 등	20
	기술이전 및 지재권 획득	기술이전에 필요한 기술료 지원, 지적재산권 획득(특허출원, 상표출원, 국외출원, 신용신안출원, 디자인 출원) 등	15
	제품 시험 및 인증	-하드웨어(성능, 안전성, 신뢰성, 조날품 석합, 뉴해불실 문석, 자가품질 검사), 소프트웨어(보안해킹, 웹/앱) -제품 또는 품질 관련 국내인증 취득 등	15
마케팅 (3개)	디자인 개선	제품 디자인, 포장 디자인 등	15
	브랜드 지원	CI 디자인 개발, BI 개발, 브랜드스토리, 브랜드슬로건 등	20
	홍보지원	온라인(온라인 광고, 홍보영상, 홈페이지 등) 및 오프라인 매체(방송, 신문, 옥외광고, 교통매체, 홍보물 제작 등)를 활용한 제품홍보지원	20

05

VIP 마켓 트렌드

조정익

1부

2023년 돌아보기

1. 하락장에 더욱 빛나는 저가 양도

<사람들은 뭘 믿고 수억 원의 아파트를 직거래했을까?>

작년 하반기부터 올해 상반기까지 주택 거래 트렌드를 설명하는 단어 중 하나는 '직거래'였다. 국토교통부 자료에 따르면 2022년 12월 서울 아파트 거래량의 22.4%가 직거래였다고 한다.[1] 수

---

[1] 아시아경제, "집값 3억 떨어져서 가 봤더니… '손님, 그건 직거래예요.'", 2023. 1. 19.

억에서 수십억의 가치를 가지는 아파트를 직거래한다니 놀라울 수밖에 없다. 왜 갑자기 직거래가 늘어나게 되었을까?

일반적으로 생각할 수 있는 이유는 부동산중개수수료 부담이다. 직거래로 주택을 사고팔면 부동산중개수수료가 전혀 들지 않는다. 부동산중개수수료는 거래된 부동산 가격에 비례하기 때문에 주택 가격이 높을수록 부담이 증가한다. 이를 피하기 위해 직거래를 했을 수 있다.

하지만 조금 더 생각해 보면 단순히 수억, 수십억의 부동산을 거래하면서 발생할 수 있는 법적 리스크를 모두 부담하면서까지 몇천만 원의 중개수수료를 아끼려고 직거래를 한다는 것은 사실 받아들이기 힘들다. 결국 대부분의 직거래는 법적 리스크가 전혀 없는 거래일 확률이 높다. 거래 상대방을 온전히 신뢰할 수 있다는 뜻이다. 거래 상대방을 온전히 신뢰할 수 있는 거래, 즉 가족 간 거래일 확률이 높다.

여기서 주목해야 할 점은 직거래된 주택의 가격이다. 아무리 부동산 시장이 폭락 중이었다고 해도 너무 낮은 가격에 거래된 계약의 상당수가 직거래로 이루어졌다. 투자자들이 이렇게 터무니없이 낮아진 실거래가를 확인하고 인근 부동산 중개소에 연락해 봐도 그 정도 가격의 물건은 없었다. 일반적인 매물의 호가는 해당 실거래가보다 높은 경우가 대부분이었다. 이런 비정상적인 저가 거래는 절세를 목적으로 한 특수관계자 간 증여성 저가 양도 거래일 확률이 높다.

<하락장에 더욱 빛나는 저가 양도>

본인 소유의 10억 상당 아파트를 자녀에게 주고 싶어 하는 부모가 있다고 가정해 보자. 10억짜리 아파트를 성년 자녀에게 단순 증여하면 세부담이 너무 클 것이다. 10억에 대한 증여세는 다음과 같다.

(단위: 원)

증여재산가액	1,000,000,000
(-)증여재산공제	50,000,000
(=)과세표준	950,000,000
(x)세율	30%
(-)누진공제액	60,000,000
(=)산출 세액	225,000,000

10억 아파트를 증여하면 산출 세액 기준으로 2.25억의 증여세를 부담해야 한다. 하지만 저가 양도를 활용하면 세부담이 획기적으로 줄어든다. 10억 아파트를 증여하는 대신 자녀에게 6억 5천만 원에 양도한다고 가정해 보자.

특수관계자와의 거래를 통해 시가보다 저가로 양도한 경우에는 증여세가 과세된다. 일반적인 상식으로 보면 10억 상당 아파트를 자녀에게 6억 5천만 원에 양도하면 사실상 자녀에게 3억 5천만 원을 증여한 것과 다름이 없으므로 증여재산가액은 3억 5천만 원이 되어야 할 것으로 보인다. 하지만 세법은 그렇지가 않다. 저가 양도에 상당히 관대한 편이다. 먼저 저가 양도에 대한 증여세 과세 여부는 다음과 같이 정리할 수 있다.

[특수관계인 간 저가 양도에 대한 증여 여부 판단 기준][2]

(시가-거래가액) ≥ min(시가의 30%, 3억)

먼저 저가 양도가 증여인지 아닌지 판단하는 기준을 확인해 보자. 위 표를 보면 시가와 거래가액의 차이가 시가의 30%와 3억 중 적은 금액보다 커야 증여로 본다. 반대로 시가와 거래가액의 차이가 시가의 30%와 3억 중 적은 금액보다 적다면 증여로 보지 않는다. 이는 사실상 특수관계자와 저가 양도를 하더라도 증여세가 부과되지 않는 범위가 된다.

만약 증여하고자 하는 재산의 시가가 10억 이하라면 시가의 70% 이상으로 매매하면 증여세 문제가 없다. 시가가 10억 원이 넘는다면 시가와 거래가액의 차이가 3억보다 적도록 거래하면 역시 증여세 문제가 없다. 이 범위 내에서 거래가액을 정한다면 증여세는 전혀 부담하지 않으면서 자녀에게 사실상 증여한 효과를 누릴 수 있다.

---

2 상속세 및 증여세법 35조 1항

[특수관계인 간 저가 양도에 대한 증여재산가액 계산][3]

(시가-거래가액) - min(시가의 30%, 3억)

앞서 사례로 들었던 시가 10억 아파트를 6억 5천에 저가로 양도하면 시가와 실제 거래가액의 차이는 3억 5천만 원이 된다. 이는 저가 양도 증여 여부 판단 기준을 넘어선다. 즉, 이 거래는 증여로 보게 된다. 하지만 실제로는 증여세를 부담하지 않을 수 있다.

[10억 아파트를 6억 5천만 원에 양도할 경우 증여세]

	금액
시가	1,000,000,000
(-)거래가액	650,000,000
(=)차액	350,000,000
(-)min(시가의 30%, 3억)	300,000,000
(=)증여재산가액	50,000,000
(-)증여재산공제	50,000,000
(=)과세표준	-
산출 세액	-

위 표를 보면 특수관계인 간 저가 양도 거래에서 증여재산가액은 시가와 거래가액의 차이로 계산하지 않는다. 시가와 거래가

---

3   상속세 및 증여세법 35조 1항

액의 차이에서 시가의 30%와 3억 중 적은 금액을 차감하게 되어 있다. 즉, 증여재산가액이 5,000만 원으로 계산되는 것이다. 성년 자녀는 증여재산공제 5,000만 원이 적용되므로 증여세 과세표준이 0이 되어 세부담도 0이 된다.

지금까지 알아본 저가 양도의 증여세 과세요건과 증여재산가액 계산 방식을 거래가액별로 적용하면 다음과 같다.

[거래가액별 증여 여부 및 증여재산가액 사례]

거래가액	증여세 과세요건	증여재산가액
6억	시가와 거래가액의 차이 4억 -> 증여 O	1억
7억	시가와 거래가액의 차이 3억 -> 증여 O	0
8억	시가와 거래가액의 차이 2억 -> 증여 X	증여 X

※ 시가 10억 아파트를 가정

<저가 양도와 양도소득세>

특수관계인 간 저가 양도를 통해 시가보다 낮은 가격으로 매수한 것에 대한 매수인의 증여세 부담은 상식적으로 당연해 보인다. 하지만 저가 양도에는 일반적인 상식과 다른 점이 있어 주의해야 한다. 바로 부모가 내야 하는 양도소득세다. 특수관계인 간에 시가보다 저가로 양도하면 실제 거래가액을 인정하지 않고 시가로 거래한 것으로 보아 양도소득세를 계산해야 한다.

즉, 위 사례에서 부모와 자식은 아파트를 6억 5천만 원에 실제로 거래했으나, 양도소득세를 계산할 때는 시가인 10억 원에 양도한 것으로 간주해 양도소득세를 부담해야 한다. 양도 대가로 10억을 받지는 않았지만 받은 것과 같은 세금을 내야 한다. 특수관계인 간 저가 양도에 대한 양도소득세를 정리하면 다음과 같다.

[특수관계인 간 저가 양도에 대한 양도소득세][4]

구분 기준	양도가액
(시가-거래가액) < min(3억, 시가의 5%)	실제 거래가액 인정
(시가-거래가액) ≥ min(3억, 시가의 5%)	실제 거래가액 불인정, 양도가액은 시가로 의제

위 기준을 보면 증여세와 달리 양도소득세 측면에서 양도가액을 조절할 수 있는 범위는 5%(증여세는 30%)밖에 되지 않는다. 사실상 큰 의미가 없는 것이다. 따라서 저가 양도를 통해 자녀에게 주택을 이전하는 경우에는 양도소득세를 줄이기 위해 위 기준을 충족하려고 하지 않는다.

위 기준을 충족하려면 5% 이상 낮은 가격으로는 거래할 수 없

4　소득세법 101조, 소득세법 시행령 167조 3항

기 때문이다. 또한 거래금액을 많이 낮추지 않으면 자녀의 자금 부담이 커진다. 따라서 일반적으로 저가 양도를 활용해 주택을 증여할 때는 양도소득세를 줄이는 것은 포기하고 증여세 부담만을 최소화하는 의사결정을 해야 한다. 이렇게 증여세와 양도소득세를 모두 고려한 저가 양도와 일반 증여의 세무상 장단점을 비교하면 다음과 같다.

[저가 양도와 일반 증여의 세무상 장단점]

세목	일반 증여	저가 양도
증여세	자녀가 부담	없음
양도소득세	없음	부모가 부담(중과세 유예)

위 표에서는 저가 양도의 장점이 보이지 않을 수 있다. 하지만 저가 양도의 경우 문제가 되는 양도소득세는 1세대 1주택 비과세 요건을 충족하면, 혹은 충족하지 않더라도 다주택자에 대한 중과세가 유예되고 있는 상황에서는 양도소득세 부담이 증여세보다 현저히 적을 수 있다. 또한 세금을 내는 주체가 자녀가 아닌 부모인 것도 저가 양도의 장점이다. 부의 이전 측면에서 같은 세금이라면 부모가 내는 편이 더 유리하기 때문이다.

<저가 양도가 하락장에 더 유행하는 이유>

[시가에 따른 증여세 저가 양도 가능 범위](증여세 無)

시가	증여세 없이 가능한 저가 양도 거래금액
(상승장) 15억	15억 - 3억 = 12억
(하락장) 10억	10억 - 3억 = 7억

특수관계인 간 저가 양도에 대한 증여세 규정은 갑자기 생긴 것이 아니다. 그럼에도 불구하고 2022년 하반기부터 2023년 상반기까지 직거래를 동반한 저가 양도가 늘어난 이유는 부동산 시장이 하락장일 때 저가 양도를 하기가 더 좋기 때문이다.

위 표와 같이 부동산 시장이 상승장이면 시가(15억 가정)가 높게 형성될 수밖에 없다. 따라서 이미 높게 형성된 가격 탓에 저가로 양도하더라도 절대적인 금액 자체가 높을 수밖에 없고, 자녀가 자금을 조달하기 어렵다. 하지만 부동산 시장이 하락장이면 시가(10억 가정)가 상대적으로 낮게 형성된다. 증여세 없이 저가로 양도한다면 7억에 거래 가능하며 자녀의 자금 조달도 용이하다.

[저가 양도 시 양도차익 비교: 상승장 vs. 하락장]

시가	취득가	양도차익
(상승장)15억 가정	8억 가정	7억
(하락장)10억 가정	8억 가정	2억

    2018년에서 2021년 사이의 부동산 상승장에서는 주택 증여를 위해 저가 양도를 활용하기가 좋지 않았다. 높아진 집값으로 인해 시가가 높았고, 양도차익이 커져 매도인(부모)이 내야 하는 양도소득세가 너무 많았기 때문이다. 또한 당시에는 다주택자에 대한 중과세까지 강화되었던 시기였다. 하지만 2022년 하반기부터 2023년 상반기와 같이 부동산 시장 경기가 좋지 않아 시가가 내려가게 되면 양도차익이 줄어들고, 양도소득세 부담도 감소한다. 또한 정부가 다주택자 양도소득세 중과세를 유예하고 있는 시기이기도 했다.

    정리하면 부동산이 하락장일 경우 상승장에 비해 자녀가 조달해야 하는 자금이 줄어들고, 시가가 낮아져 부모가 부담해야 하는 양도소득세도 줄어드는 효과가 있다. 따라서 저가 양도의 절세 효과가 극대화된다.

<부동산 투자도 절세도 결국 타이밍>

    부동산 시장과 그에 따른 정부 정책 변화에 발맞춰 주택 이전

트렌드도 변화해 왔다. 문 정부 들어 다주택자에 대한 압박이 강해지고 집값이 급등하자 증여가 폭발적으로 늘어났다. 윤 정부 들어 다주택자에 대한 중과세를 한시적으로 완화하자 부담부증여가 활발해졌다. 그리고 부동산 하락장에서는 저가 양도와 직거래가 트렌드가 되었다.

　이러한 흐름의 공통점은 바로 증여 시점보다는 주택 가격이 오르리라는 기대감이 있다는 것이다. 하지만 2020년, 2021년의 증여는 예측과 달리 2022년부터 부동산이 급락하면서 결과적으로 실패한 선택이 되어 버렸다. 이러한 과거의 결과를 봤을 때 주택을 이전하는 최적의 타이밍과 방법을 찾으려면 당장의 세금 계산뿐만 아니라 미래 부동산 시장에 대한 정확한 예측이 필요하다.

[종합 주택 매매가격 변동률(최근 1년)][5]

5　한국부동산원 통계정보시스템(R-ONE)

끝을 모르고 폭락하던 부동산 시장은 정부의 규제 완화와 대한민국 부동산은 결국 오른다는 믿음을 바탕으로 하반기부터 반등에 성공했다. 물론 지방은 여전히 예전 시세를 회복하지 못하고 있는 분위기이지만, 서울은 상급지를 시작으로 다시 상승하기 시작했고 폭등기의 시세에 근접하고 있다. 이러한 영향으로 수도권 집값 역시 동반 상승했다. 이렇게 집값이 오르면 저가 양도를 통해 자녀에게 집을 증여하기가 애매해진다.

분명 2022년 하반기부터 2023년 상반기 사이의 하락장에 용감하게 주택을 매수했던 사람들은 단기간에 상당한 차익을 보았을 것이다. 또한 그 시기에 과감하게 저가 양도를 실행했던 사람도 최적의 타이밍에 증여해 세부담을 줄였다. 이처럼 증여세 절세는 부동산 투자와 마찬가지로 타이밍과 미래에 대한 예측력이 중요하다.

<법인의 주식 이동에도 적용 가능한 저가 양도>

지금까지 서술한 저가 양도를 통한 절세법은 부동산에만 활용할 수 있는 것이 아니다. 동일한 논리가 주식에도 적용된다. 다만 시가를 산정하는 방법이 다를 뿐이다. 부동산은 부동산 경기에 따라 시가가 오르락내리락한다. 즉, 내 의지로 변경할 수 없다. 따라서 하락장이라고 생각되었을 때 과감하게 실행해야 한다.

하지만 주식, 특히 오너 CEO의 비상장주식은 다르다. 비상장주식의 경우 보충적 평가방법을 적용하면 순손익가치와 순자산가치는 어느 정도 조절할 수 있다. 순손익가치와 순자산가치를 조절해 시가를 낮추고 그 타이밍에 저가 양도를 통해 주식을 이전한다면 부동산 이전과 마찬가지로 절세할 수 있다. 따라서 저가 양도의 과세요건과 증여재산가액의 계산법을 잘 기억해 두었다가 적절히 활용해야 할 것이다.

2. 사내근로복지기금에서 기업 부설 연구소의 향기가 난다

<기업 부설 연구소 컨설팅의 광풍과 안정>

2010년대 초중반 법인 컨설팅 시장을 휩쓸었던 아이템이 있다. 바로 기업 부설 연구소다. 정부 정책자금을 받기 위한 필수 요소이며, 25%라는 파격적인 '연구·인력 개발비 세액공제' 혜택이 있는 제도다.

기업 부설 연구소는 설립비용이 거의 들지 않고 난이도도 어렵지 않기 때문에 컨설턴트와 고객 모두에게 매력적인 아이템이었다. 해당 컨설팅은 주로 경영지도사들에 의해 주도적으로 실행되어 왔다. 경영지도사의 주요 업무가 중소기업 지원제도의 적용을 도와주는 것이었기 때문이다. 기업 부설 연구소는 정부의 다양한 중소기업 지원제도의 적용을 받기 위해 가장 먼저 설립되어야 하는 요소 중 하나다.

[연도별 기업 부설 연구소와 전담 부서 현황 및 증감] [6]

연도	2012	2013	2014	2015	2016	2017	2018	2019
연구소	25,860	28,771	32,167	35,288	37,631	39,313	40,399	40,750
전담부서	10,544	12,851	16,349	20,169	23,201	25,167	26,299	28,367
합계	36,404	41,622	48,516	55,457	60,832	64,480	66,698	69,117
전년 대비 증감	4,665	5,218	6,894	6,941	5,375	3,648	2,218	2,419

　　기업 부설 연구소 설립 컨설팅은 P사가 주도한 컨설팅 보험 영업의 트렌드가 확대되면서 자연스럽게 보험 시장으로 들어왔다. 경영지도사들은 FP와 협업하거나 직접 FP가 되어 본인이 가진 아이템으로 수익을 창출했다. 또한 역으로 FP 스스로가 이를 학습해 경영지도사의 도움을 받지 않고 직접 실행하는 빈도도 높아졌다.

　　필자 역시 회사에 소속된 세무사이지만, 기업 부설 연구소 설립에 대해 학습했고 실제로 10건 이상 설립하기도 했다. 아마 필자뿐만 아니라 부설 연구소 설립이 가능한 세무사가 꽤 있을 것이다. 이러한 흐름은 기업 부설 연구소 설립 건수에도 영향을 줘서 2013년부터 2016년 사이에는 그 숫자가 비정상적으로 증가했다.

　　'연구·인력 개발비 세액공제'는 분명 매우 파격적인 혜택이다.

6　한국산업기술진흥협회(https://www.rnd.or.kr/)

하지만 그런 혜택을 줄 때 과세 관청이 사후관리를 소홀히 할 리가 없다. 또한 평소에 비해 비정상적인 설립 건수를 보인다면 의심할 수밖에 없다. 과세 관청은 항상 통계적으로 비정상적인 증가가 보이면 예의 주시한다. 기업 부설 연구소, 퇴직금 중간 정산, 증여 후 이익소각이 그랬다. 2010년 중반부터는 법인세 중점 관리 대상에 기업 부설 연구소와 세액공제도 포함되었다.

　기업 부설 연구소에 대한 과세 관청의 기본 관점은 "중소기업이 무슨 연구개발이야?"라는 쪽에 가깝다. 즉, 무조건 정상적인 기업 부설 연구소가 아니라고 가정한 채 접근한다. 사실 기업 부설 연구소의 연구 인력은 연구 업무만을 수행해야 하며, 기업의 다른 영업활동을 수행해서는 안 된다. 그 조건을 충족해야만 '연구·인력 개발비 세액공제'가 가능하다. 하지만 총직원 수가 적은 중소기업 특성상 한 사람이 여러 업무를 하는 경우가 대부분이다. 연구 업무만 하는 직원이 있다는 말은 설득력이 떨어질 수밖에 없다.

　그럼 어떻게 접근하는 것이 좋을까? 기업 부설 연구소는 설립하되 '연구·인력 개발비 세액공제'를 받지 않으면 된다. 이미 기업 부설 연구소에 대한 세무 이슈를 잘 알고 있는 컨설턴트들은 연구소 설립은 지원해 주되 세액공제는 받지 말라고 조언해 왔다. 세액공제를 받지 않아도 연구소가 존재함으로써 얻는 중소기업 지원제도에 대한 이익은 다 가져갈 수 있기 때문이다.

　굳이 무리하게 세액공제까지 받으려다 보면 해당 세액공제가 부인되고 본세는 물론 가산세까지 부담해야 할 수 있다. 하지만 세액공제라는 장점을 배제해 버리면 영업적인 매력은 현저히 떨어질 수밖에 없다.

이러한 상황에서 상당수 기업 부설 연구소가 부적절한 기업에 무분별하게 설립되었고, 세액공제 역시 다소 무모하게 적용되었다. 당시에는 일반적으로 기업 부설 연구소를 설립할 때 기장 세무사에게 확인을 받지 않고 진행했다. 문제가 되기 시작하는 것은 3월 법인세 신고 시점인 경우가 많았다.

어느 정도 기업 부설 연구소에 대한 이해도가 있는 세무사는 세액공제 리스크를 고려해 고객이 세액공제를 받지 않는 쪽으로 설득했다. 하지만 일부 이해도가 부족한 세무사는 해당 부분의 위험을 고려하지 않고 세액공제를 무분별하게 적용하기도 했다.

당장은 문제가 없어 보이지만 연구 인원의 업무영역에 문제가 있거나 연구 일지가 제대로 작성되지 않는 등 세액공제를 인정받을 만한 증빙이 제대로 준비되지 않으면 세무조사 시 반드시 부인될 수밖에 없다. 설립은 쉽지만 세액공제를 제대로 받기 위한 사후관리는 결코 쉽지 않다. 하지만 이러한 부분에 대한 안내나 관리가 부실한 상태에서 단순히 기업 부설 연구소의 설립만을 도와주고 빠져 버린다면 그 위험은 고스란히 고객이 지게 된다.

실제로 보험업계가 기업 부설 연구소 컨설팅을 본격적으로 시행한 이후 '연구·인력 개발비 세액공제'가 부인되는 사례 역시 늘어났다. 무분별한 설립과 부실한 사후관리가 합쳐져서 생긴 참사였다. 기업 부설 연구소 때문에 세무조사 시 문제가 된 경험이 있는 기업들은 기업 부설 연구소는 절대 하면 안 되는 것, 세무조사의 원인이라는 인식이 생겼다. 그 결과 보험회사에서 진행하는 컨설팅의 신뢰도가 떨어졌고, 장기적으로는 법인 컨설팅에 악영향을 주고 말았다.

한동안의 시행착오를 겪은 후 현재는 사후관리 없이 무분별한 기업 부설 연구소 설립은 현저히 줄어들었다. 하지만 나빠진 보험업계 평판과 고객 피해는 돌이킬 수 없다.

<기업 부설 연구소를 닮은 사내근로복지기금>

기업 부설 연구소 컨설팅이 문제가 된 것은 기업 부설 연구소 제도 때문이 아니다. 기업 부설 연구소는 기업의 연구개발을 촉진하고 기업 성장을 돕는다. 문제는 컨설팅하는 사람의 책임감과 전문성 부족에서 발생한다. 제도는 죄가 없다. 일부 FP가 단기적으로 계약 체결만을 위해 기업 부설 연구소가 적합하지 않은 곳에 설립해 주거나 부실한 사후관리를 하는 것이 문제다.

최근 유행하는 사내근로복지기금도 기업 부설 연구소와 비슷하게 흘러가는 느낌이 들어 심히 우려스럽다. 이번 주제가 사내근로복지기금임에도 불구하고 기업 부설 연구소 컨설팅의 역사를 자세히 서술한 이유도 그 때문이다.

사내근로복지기금이란 사업주가 이익의 일부를 출연해 회사와는 별개로 사내근로복지기금 법인을 설립하고, 그 기금을 관리·운영하여 근로자의 생활 안정, 복지 증진을 위한 복지사업을 시행하는 제도를 말한다. 제도의 정의를 보면 모든 포커스가 근로자에게 맞춰져 있다. 이름 그대로 근로자 복지를 위한 제도다.

하지만 근로자 복지를 위한 제도를 도입해 주겠다고 하면 법인대표가 매력을 느끼기는 어려울 것이다. 그래서 이름은 사내근로복지기금이지만 실질적으로는 '사내대표복지기금'인 양 법인대표의 이익을 강조하면서 영업이 시작된다.

실제로 컨설팅 영업을 주로 하는 GA나 GA의 FP가 운영하는 유튜브 채널 또는 홈페이지를 보면 사내근로복지기금에서 대표가 가져갈 수 있는 이익을 중심으로 설명한다. 예를 들어 가업승계(상속세 절감), 차명주식 해결, 가지급금 해결 등을 전면에 내세우고 있다.

중소기업에 사내근로복지기금을 적용했을 경우 과세 관청이 이를 보는 시각은 기업 부설 연구소와 다르지 않을 것이다. "중소기업이 무슨 사내근로복지기금이야?"라는 느낌으로 보인다는 말이다.

참고로 필자가 다녔던 회사도 보험업계 5~6위권의 상장사였지만 사내근로복지기금은 없었다. 사내근로복지기금은 대부분 규모 있는 기업에서 운영되었다. 직원 수가 적고 재원이 부족한 중소기업에는 적합하지 않은 것으로 보인다.

필자가 사내근로복지기금을 보는 시각도 과세 관청의 관점과 비슷하다. 이제부터는 사내근로복지기금 컨설팅을 회의적으로 보는 이유를 구체적으로 말해 보고자 한다.

첫 번째 의문점은 사내근로복지기금의 관리와 운영이다. 사내근로복지기금은 별개의 법인처럼 운영되어야 하고, 이를 위해 사내근로복지기금을 관리할 전담 직원이 필요하다. 중소기업은 기업의 핵심이라고 할 수 있는 인사와 재무 분야의 전문 인력을 별도로 둘 여력조차 없어 노무사와 세무사에게 노무와 기장을 아웃소싱하는 것이 현실이다. 이러한 상황에서 사내근로복지기금을 관리할 직원을 별도로 둘 수 있을지 의문이다. 기업 부설 연구소와 마찬가지로 설립이 문제가 아니라 관리가 문제인 것이다.

두 번째로 '근로자'를 위한 사내근로복지기금이 맞는지 의문이다. 이름만 사내근로복지기금이고 실질적으로는 '사내대표복지기금'으로 운영된다면 과세 관청에서 용인할 리가 없다. 실질적으로 근로자를 위한 사내근로복지기금이 아니라고 판단되면 그동안 받았던 모든 조세 혜택이 부인될 것이고 가산세까지 부담해야 할 것이다.

세 번째로 정말 순수하게 직원 복지를 위한 사내근로복지기금을 내세웠을 때 그러한 니즈가 있는 법인대표가 얼마나 있을지 의문이다. 물론 아주 극소수 법인대표는 직원 복지에 관심이 많다. 특히 임직원 가족의 상조만큼은 법인대표가 챙기고자 하는 니즈는 꽤 많이 확인된다. 하지만 분명한 사실은 이러한 업체가 소수에 불과하다는 점이다. 결국 사내근로복지기금 도입이 법인대표와 그 가족들에게 매력을 가지지 못한다면 영업적으로 풀어 나가기는 쉽지 않을 것이다.

사내근로복지기금은 여러 우려에도 불구하고 현재 필드에서 가장 유행하는 컨설팅임은 확실해 보인다. 그렇다면 당연히 일반적인 상황보다는 사내근로복지기금의 설립 건수가 늘어날 것이고, 과세 관청은 이를 주목하게 될 것이다. 기업 부설 연구소가 그랬듯이 말이다.

따라서 사내근로복지기금으로 컨설팅 영업을 하려고 한다면 설립뿐만 아니라 사후관리까지 고려하며 진행해야 한다. 당장의 보험계약 체결에 눈이 멀어 해당 컨설팅의 위험성과 어려움은 뒤로하고, 추후에 사후관리는 나 몰라라 하는 무책임한 FP가 아니라면 말이다. 기업 부설 연구소와 마찬가지로 사내근로복지기금도 제도는 죄가 없다. 다만 컨설팅하는 사람의 전문성과 책임감 부족이 문제를 일으킨다.

필자가 본 기업 부설 연구소 관련 최악의 컨설팅 케이스는 바로 기업 부설 연구소를 실제로 설립해 주지도 않고 해 준 척한 후 계약만 받아 간 경우였다. 사무실 방 한 칸에 현판만 붙여 놓고 기업 부설 연구소가 설립되었다며 고객을 속인 것이다. 아마도 해당

기업이 기업 부설 연구소를 설립하기 위한 인적 요건을 충족할 수 없었거나 애초에 속일 생각으로 접근했을 것이다.

이런 부도덕한 컨설팅이 현재 사내근로복지기금에서도 가끔 일어나고 있는 것으로 보인다. 실질적으로 사내근로복지기금이 설립되지 않았으나, 관련 규정집만 만들어서 고객에게 주고 사내근로복지기금이 설립된 것처럼 꾸며 계약을 받아 가는 것이다.

여러분이 관리하는 법인대표에게도 충분히 발생할 수 있는 사례다. 그러니 고객이 사내근로복지기금 컨설팅을 누군가에게 받았다면 반드시 실질적인 설립 여부를 확인해야 한다. 이후 사후관리에 대해서도 확인하고 알려 줘야 한다. 만약 확인하지 못해 문제가 생긴다면 해당 고객은 보험업계와 FP 전체에 대해 신뢰를 잃을 수도 있다.

많은 FP가 특정 세무 이슈나 컨설팅 콘셉트를 '된다/안 된다'는 이분법적 사고로 받아들이는 경향이 있다. 하지만 모든 세무 컨설팅 이슈는 CASE BY CASE다. 누군가에게는 문제가 되지 않았어도 다른 누군가에게는 문제가 될 수 있는 것이다. 따라서 요즘과 같이 컨설팅이 고도화되는 상황에서는 문제가 '있다/없다'는 단순한 구분에서 벗어나야 한다. 대신 고객 상황별로 적정성을 판단하고 실행해 줄 수 있어야 한다. 그러기 위해서는 해당 제도나 법 규정의 취지, 문제점 등을 충분히 숙지하고 이해해야 한다. 그런 후에 컨설팅 업체의 상황에 맞춰 판단해야 한다.

3. 전문가의 폭발적 진입, 적인가? 아군인가?

<전문가의 보험업계 진입의 태동>

보험과 VIP 영업을 조금만 공부해 보면 전문 자격사, 특히 세무사나 회계사가 보험을 하기에 참 좋은 자격증이라는 생각이 든다. 어쩌면 세무사나 회계사가 보험을 하지 않는 게 이상하다고 생각될 정도이다. 일본에서는 이미 세무사들이 전면적으로 보험 시장에 진출해 있다.

국내에서도 이미 시도는 있었다. S사에서 개업 세무사, 개업 회계사를 대상으로 한 전용 채널을 만들었지만 크게 성공하지는 못했다. 당시에 S사는 우량 잠재고객을 보유한 시니어 세무사나 회계사들에게 접근했다. 하지만 그런 시니어 세무사나 회계사는 이미 사무실이 안정적으로 운영되고 있기에 소득 측면에서 아쉬움이 별로 없는 상태였다. 또한 전문 자격사의 보험 영업 자체를 하대하는 경향이 있다는 점도 분명한 실패 요인 중 하나일 것이다.

이러한 분위기는 VIP 컨설팅 전문 GA를 표방한 P사의 등장으로 서서히 바뀌기 시작했다. 과거 필자는 2015년에 정책자금 관련 외부 교육을 받은 적이 있다. 해당 참여 기수 대부분이 FP였다. CEO 플랜만으로는 법인 영업이 힘들어지자 새로운 돌파구를 찾으려는 목적이었다. 그중 P사 부지점장이 있었는데, P사에서 진행하는 리쿠르팅 세미나에 필자를 초대했다.

P사는 당시에 리쿠르팅을 아무나 하지 않았다. 일반 개인이 아니라 VIP만을 대상으로 영업하는 GA였기 때문이다. 따라서 리쿠르팅 대상도 MDRT 이상의 FP로 한정했다.

여기서 재미있는 사실은 FP의 모집 대상은 MDRT 이상으로 엄격하게 했지만 세무사, 회계사, 노무사와 같은 전문 자격사는 보험 경력이 전혀 없어도 리쿠르팅 세미나의 대상이 되었다는 점이다. MDRT 이상의 FP와 전문 자격사를 보험업계에서 동급으로 인정한 셈이다.

MDRT는 어느 정도 영업 수준이 되지 않으면 달성하기 힘든 등급이다. 이러한 베테랑 보험 경력자를 보험을 전혀 모르는 전문 자격사와 같은 수준으로 보았다는 점에서 의미가 있다. 이는 P사의 영업 전략을 상징적으로 보여 주기도 한다. 보험은 몰라도 전문 지식이 있다면 보험 시장에서 충분히 통한다고 본 것이다. P사의 이런 정책은 앞으로 도래할 전문 자격사의 본격적인 보험 시장 진입의 예고편이었다.

<M사는 왜 성공했고, A사는 왜 실패했나?>

S사 이외에도 많은 보험사가 전문 자격사를 보험 영업에 진출시키려고 노력했지만, 가시적인 성과를 거둔 곳은 거의 없었다. 이러한 상황에서 전문 자격사를 영입해 보험 영업에 정착시킨 회사가 나타났다. 바로 M사다. M사는 전문 자격사 보험 사관학교라고

불러도 될 만큼 현재 많은 전문 자격사가 활동하고 있다.

　P사로부터 시작된 수년간의 컨설팅 영업의 영향과 P사에서 성공한 세무사들, 그리고 FP와 협업하며 소득을 창출했던 일부 선구자 전문 자격사의 성공이 전문 자격사의 보험에 대한 인식을 바꿔 놓았다. 더불어 전문 자격사의 니즈를 잘 파악한 M사의 사례도 전문 자격사를 보험업계에 불러 모으는 데 일조했다.

　M사의 성공을 보고 A사도 2019년 전문 자격사를 전략적으로 리쿠르팅하기 시작했다. 회사만 비교했을 때는 A사가 M사보다 규모도 크고 건실했지만, 전문 자격사를 리쿠르팅해서 제대로 영업하도록 정착시키는 데는 결국 실패했다.

　A사가 실패한 이유는 여러 가지가 있겠지만, 딱 한마디로 정의한다면 전문 자격사에 대한 이해 부족이다. A사뿐만 아니라 전문 자격사를 FP로 리쿠르팅하려던 많은 보험사가 전문 자격사들이 보험 영업 현장에서 느끼는 불편함에 대해 크게 고민하지 않았다. 단순히 전문 자격사 주변의 VIP 고객을 활용할 생각만 했다. 전문 자격사를 우수 고객 DB로만 본 것이다.

　당시 A사 리쿠르팅 교육에 참여했던 세무사가 필자에게 피드백해 준 내용을 보면 이를 알 수 있다. "돈을 더 버는 방법을 알려주기만 하고, 내 고객을 빼먹을 생각만 한다." 안타깝게도 A사는 M사의 전략을 겉으로 흉내만 낸 것이다. 전문 자격사로서 보험 영업을 할 당사자의 마음은 크게 고려되지 않았다.

전문 자격사는 기본적으로 보험 영업을 낮게 보는 경향이 분명히 있다. 그리고 그런 일을 이제 해야 한다는 사실에 부담을 느낀다. 외부에서 봤을 때는 대한민국 보험 시장이 지인 영업, 아줌마 영업, 주변을 불편하게 하는 영업으로 여전히 인식되고 있기 때문이다.

M사는 이러한 전문 자격사의 부담을 인지하고 세련된 교육으로 전문 자격사를 설득해 나갔다. 커리큘럼이 체계적이었으며 강의하는 강사도 모두 전문 자격사로 배치했다. 아무래도 관리자부터 세무사였기 때문에 가능했던 일로 보인다.

보험을 가르치기보다는 컨설팅 교육을 선행했다. 전문 자격사가 M사에서 하는 일이 보험 영업이 아닌 컨설팅 영업이며, 그들의 본업과 전혀 다르지 않다고 설득했다. 전문 자격사의 자부심과 자존감을 살려 주면서 이해시킨 것이다.

이에 반해 A사는 하루나 이틀 정도 만에 일반 FP 리쿠르팅 수준의 교육만을 진행했다. 전문 자격사로서 새로운 영역을 학습하거나 비전을 가지기 어려운 교육이었다. 전문 자격사의 마음을 전혀 이해하지 못한 것이다.

M사의 전문 자격사 지점은 이미 2019년에 성공했지만, 전문 자격사 수가 절대적으로 많지는 않았다. 그런데 2023년 들어 폭발적으로 입사자가 늘었다. 아무래도 코로나 시기를 지나오면서 본업이 힘들어진 전문 자격사들이 새로운 돌파구를 찾기 위해 M사로 많이 입사하면서, 엄청난 수의 전문 자격사가 보험업계에 진출

하게 된 것이 아닌가 싶다.

<전문가의 보험 시장 진출, 적인가? 아군인가?>

전문 자격사, 특히 세무사나 회계사가 보험 영업을 하는 모습이 대중적으로 받아들여져 보험업계에 뛰어든 전문 자격사 수가 늘어난다면 기존의 VIP 영업 시장에 많은 영향을 줄 것으로 보인다. 특히 외국계 보험사에는 높은 수준의 컨설팅 역량을 바탕으로 동료 FP와의 조인워크를 통해 성과를 공유하며 소득을 창출한 FP가 많았다.

전문 자격사가 보험 시장에 성공적으로 진입할수록 이들의 설 자리는 점점 좁아질 것이다. 전문 자격사 FP와 비자격 컨설팅 전문 FP를 비교했을 때 보험 세무 관련 전문성 수준은 비슷할 수도 있으나, 자격증이 가져다주는 고객의 신뢰감은 다를 수밖에 없다. 또한 세무신고처럼 전문가만이 할 수 있는 배타적인 영역에서는 비자격 컨설팅 전문 FP가 전문 자격사를 대신하기 힘들다. 어차피 비슷한 비율로 계약 성과를 공유한다면 자격증이 없는 FP보다는 전문 자격사인 FP를 선택할 수밖에 없다.

물론 전문 자격사인 FP가 VIP 시장을 모두 장악할 것이라고 생각하지는 않는다. 보험 영업, 특히 VIP 시장에서 중요한 것은 결국 고객이기 때문이다. 아무리 컨설팅 능력이 좋아도 VIP 고객을 만나고 내 편으로 만들 능력이 없다면 아무 소용이 없다. 결국 보험 영업의 성패를 결정하는 것은 고객 풀이다.

이를 증명하는 사례가 있었다. 바로 M사에서 성공한 전문 자격사들이 대거 다른 회사로 이직한 일이다. M사는 현재 많은 전문 자격사가 몰릴 정도로 좋은 회사이고, 이미 충분한 성공을 거두며 자리를 잡았는데도 불구하고 굳이 이직을 선택한 이유는 무엇일까?

M사에서는 더 이상 고객 창출이 어렵기 때문이다. 쉽게 말해 만날 고객이 고갈되었다는 뜻이다. 초창기에는 사내에 전문 자격사 FP가 희귀해서 사내 FP들과 조인워크 활동을 많이 수행했을 것이다. 하지만 지금처럼 M사에 엄청난 수의 전문 자격사가 몰리면 희소성은 떨어진다. 결국 잠재력이 고갈된 M사를 떠나 새로운 고객 풀을 얻기 위해서인 것이다.

동료 FP와 조인워크를 통해 소득을 창출했던 컨설팅 전문 FP는 자기만의 고객 풀이 없다. 전문 자격사에게 자리를 뺏기면 급격히 영업이 어려워질 수 있다. 따라서 동료 FP의 고객 풀에 전적으로 의지하기보다는 전문 자격사 FP가 본격적으로 진입하기 전에 본인만의 고객 풀을 다시 확보할수 있게 준비해야 한다. 반대로 고객 풀이 훌륭한 FP라면 전문 자격사 FP의 진입이 기회가 될 수 있다. 컨설팅 영업에 최적화된 전문적인 파트너를 얻을 수도 있기 때문이다.

전문 자격사의 보험 시장 진출로 일반 FP는 이제 VIP 시장에서 완전히 도태되는 것이 아니냐며 걱정하는 사람도 있는 것 같다. 물론 단기적으로 성과를 내는 전문 자격사 FP는 간간이 나오긴 하겠지만, 꾸준하게 오랫동안 성과를 내는 전문 자격사 FP는 극히 드물 것으로 예상한다.

아무래도 본업이 있는 전문 자격사는 스스로 계속해서 고객을 창출해 나가기가 쉽지 않을 것이다. 또한 보험 영업이 자격증 하나 있다고 쉽게 될 일이 아니라는 사실은 이미 여러분이 잘 알 것이다. 그러니 전문 자격사 FP를 견제하기보다는 그들에게 배울 점이 있으면 배우고, 협력해 나갈 부분이 있으면 협력하는 것이 현명한 전략으로 보인다.

4. 죽다 살아난 이익소각, 책임진 자와 도망간 자

<어쩌면 완벽했던 절세 콘셉트 - 증여 후 이익소각>

법인 자금을 개인화하면서 세금을 최대한 부담하지 않고자 하는 것은 모든 법인대표의 희망 사항이다. 증여 후 이익소각은 법인 자금을 개인화하면서도 세금을 부담하지 않는다는 점이 법인대표에게 엄청난 매력으로 다가왔다.

일반적으로 오너 CEO(회사 주식을 소유한 주주이면서 동시에 대표이사의 지위도 가지는 CEO)가 법인 자금을 개인화하는 방법은 3가지다. 바로 급여(대표), 배당(주주), 퇴직금(대표)이다.

오너 CEO는 법인 자금을 사실상 본인 돈이라고 생각하기 때문에 가장 큰 고민이 세금일 수밖에 없다. 퇴직금은 각종 공제와 분류과세 덕분에 동일 금액으로 비교했을 때 급여와 배당보다 세부담이 적다. 이러한 퇴직금의 특성에 보험 상품을 결합한 것이 CEO 플랜이다.

퇴직소득세 절세 효과를 극대화하기 위해 많은 오너 CEO가 스스로 정관을 개정하여 본인 퇴직금을 증가시켰다. 이렇게 세부담을 완화하는 행태를 견제하기 위해 세법에 임원 퇴직금의 한도가 생겨났고[7], 이후 개정을 거듭하면서 한도는 더욱 감소하는 추세다. 이러한 세법 개정으로 퇴직금의 절세 효과는 과거보다 줄어들었다.

퇴직금의 더 큰 문제는 소득을 지급받는 시점이다. 급여나 배당은 매월 또는 내가 원하는 시기에 소득을 지급받을 수 있지만, 퇴직금의 경우 퇴직금을 수령할 수 있는 사유가 아니면 소득을 받을 수가 없다. 즉, 세금은 덜 내지만 소득을 받는 시점은 먼 미래라는 뜻이다.

증여 후 이익소각은 이러한 퇴직금의 소득 시점 문제까지 해

---

[7] 소득세법 22조 3항

결한 컨설팅이다. 또한 세금을 덜 내는 것이 아니라 아예 내지 않을 수도 있다. 따라서 법인 자금을 당장 개인화하면서 세금을 적게 내고자 하는 법인대표의 니즈를 충족시켜 주는 매력적인 컨설팅이다. "법인 자금 6억을 세금 없이 개인화할 수 있다."라는 말에 혹하지 않을 법인대표는 드물 것이다. 증여 후 이익소각은 세무적인 논리도 완벽한 편이라 추후 세무조사의 리스크도 굉장히 낮을 것으로 예상되었다.

하지만 세상에 모든 조건을 충족하는 것은 없듯이, 증여 후 이익소각에도 단점이 존재한다. 바로 소득의 귀속 주체이다. 일반적으로 오너 CEO의 주식을 배우자에게 증여하고 배우자가 법인에 주식을 넘기면서 대가를 받는 구조이므로 소각 대가는 배우자에게 귀속되게 된다.

여기서 컨설팅이 종료된다면 큰 문제가 없을 수 있다. 하지만 증여 후 이익소각의 목적이 법인대표의 가지급금 상환이라면 배우자에게 귀속된 소득을 다시 법인대표에게 가져와야 하므로 추가 과정이 필요하며 이것은 새로운 리스크가 된다.

[법인 자금의 개인화 방식별 장단점]

	세금	소득 시점	소득 귀속
급여	세부담 높음	매월	본인
배당	세부담 높음	원하는 시기(연 2회)	본인
퇴직금	세부담 낮음	퇴직 시점	본인
증여 후 이익소각	세부담 없음	원하는 시기	배우자

<2020년 세법 개정안, 법인대표의 조바심을 자극하다>

2020년 세법 개정안이 발표되고 증여 후 이익소각은 더욱더 탄력을 받았다. 바로 금융투자소득세의 도입 예고 때문이었다. 2023년부터 금융투자소득세 도입이 예정되면서 부동산과 마찬가지로 주식에도 이월 과세의 개념이 적용될 것이 예고되었기 때문이다.[8]

2020년 세법 개정안이 발표되자 많은 FP가 2022년까지만 세금 부담이 없는(이월 과세가 적용되지 않는) 증여 후 이익소각이 가능하다며 망설이는 고객들을 설득해 갔다. 직관적으로 이해하기 어렵지 않기에 "세금 없이 당장 법인 자금을 개인화할 방법이 곧

---

8 소득세법 87조의 13

없어진다."라는 말을 듣고도 뭔가 미심쩍어 진행하지 않았던 법인 대표의 결정을 빠르게 돌려놓았을 것이다.

먼저 양도소득세 이월 과세의 개념을 알 필요가 있다. 부동산을 특수관계인에게 증여한 후 10년 이내에 양도하면 당초 증여자의 취득가액을 기준으로 양도소득세를 계산해야 한다. 증여자가 직접 양도할 때 양도차익이 커서 양도소득세가 부담스러운 경우, 특수관계인에게 한 번 증여한 후 양도하면 취득가액을 증여한 재산가액으로 끌어올리게 된다. 그 결과 양도차익을 줄일 수 있고 결과적으로 양도소득세가 감소한다. 양도소득세 이월 과세란 이런 방식의 양도소득세 감소를 막기 위한 제도이다.

주식의 경우, 일반적인 상장주식의 양도차익에는 과세하지 않기 때문에 부동산과 같이 굳이 증여 후 양도를 통해 취득가액을 끌어올릴 필요가 없다. 따라서 그것을 막기 위한 세법도 필요하지 않다. 애초에 그냥 상장주식을 양도해도 양도소득세를 부담하지 않기 때문에 굳이 증여 후에 양도할 필요가 없는 것이다.

하지만 금융투자소득세가 도입되면 상장주식이라도 일정 금액 이상의 양도차익에는 양도소득세가 부과된다. 따라서 증여 후 양도를 통해 양도차익을 줄여 양도소득세를 줄이려는 유인이 있을 수 있다. 소득세법 87조의 13은 이를 방지하기 위한 규정이다.

주식에 대한 양도소득세 이월 과세는 증여 후 이익소각 실행에 영향을 준다. 수증자가 주식을 증여받은 즉시 소각하면 재산가액, 즉 취득가액과 소각 대가의 차이가 없어져 의제배당액이 0이 되는 점이 증여 후 이익소각의 핵심이기 때문이다.

하지만 주식에 이월 과세가 적용되면 상황이 달라진다. 증여 당시의 재산가액이 아니라 증여자가 당초 취득했던 주식가격이 취득가액이 된다. 그 결과 취득가액과 소각 대가의 차이가 발생하게 되기 때문에 증여하는 의미가 없어지는 것이다.

다행히 주식양도에 대한 이월 과세는 적용 기간이 짧다. 부동산은 10년이지만, 주식은 증여 후 1년만 기다리면 이월 과세가 적용되지 않는다. 하지만 1년 뒤 주식가격이 어떻게 될지는 확실치 않다. 따라서 세금 없이 법인 자금을 개인화할 수 있을지는 의문이다. 과거처럼 '증여 후 이익소각을 통한 절세 효과'는 보장할 수가 없게 되었다는 의미이다.

<과세 관청의 증여 후 이익소각 때리기>

2023년 금융투자소득세가 도입되기 전까지는 법인대표에게 가장 자신 있게 제안할 수 있는 컨설팅으로 이어질 것 같았던 '증여 후 이익소각'은 과세 관청의 집중 과세로 큰 위기를 겪게 된다. 절차만 잘 지킨다면 세무적인 문제는 없을 것으로 판단했으나 과세 관청이 증여 후 이익소각을 부인하고, 증여자가 직접 소각한 것으로 인정해 의제배당으로 과세하기 시작한 것이다. 특히나 소각 대가를 배우자에게서 빌려 가지급금을 상환한 경우에는 높은 확률로

부인되었다.

　필자는 증여 후 이익소각이 가지급금 해결 방안으로는 적합하지 않다고 생각하는 쪽이었다. 소각 대가를 받은 즉시 배우자에게서 빌린다는 점이 가장 마음에 걸렸기 때문이다. 경제 공동체에 가까운 부부간에 차용증을 쓰고 금전소비대차 거래를 한다는 사실을 받아들이기가 상식적으로 쉽지 않았다.

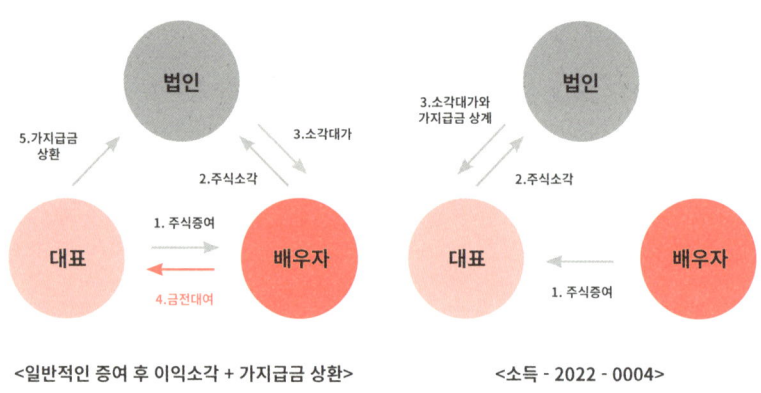

<일반적인 증여 후 이익소각 + 가지급금 상환>　　<소득 - 2022 - 0004>

　하지만 필자를 충격에 빠뜨린 이익소각 사례가 있었는데, 바로 <심사-소득-2022-0004>이다. 해당 사례는 법인대표의 주식을 증여받은 배우자가 소각 대가를 받는 일반적인 케이스가 아니었다. 기존에 주주였던 배우자의 주식을 법인대표에게 증여하고, 법인대표가 소각 대가를 받고 가지급금을 상환했는데도 문제가 되었다.

흔히 생각하는 소각 대가의 귀속 문제가 전혀 없는 경우였다. 그럼에도 불구하고 증여 후 이익소각을 부인하고 증여자가 소각한 것으로 보아 의제배당에 대한 소득세를 부과해 버린 것이다. 이는 보험업계의 세무 컨설팅에 매우 보수적인 성향을 가지고 있는 필자에게도 받아들이기 어려운 사례였다. 이런 식으로 세법을 준수한 절세까지 우회 거래로 부인해 버린다면 사실상 할 수 있는 것이 없기 때문이다.

필자가 이 사례를 보고 느낀 점은 국세청이 증여 후 이익소각 자체를 전면적으로 인정하고 싶지 않아 한다는 것이다. 이렇게 다소 무리라고 생각될 정도의 부인 사례는 지속적으로 쌓여 왔다. 컨설팅 업계에서는 더 이상 증여 후 이익소각을 내세워 영업하기가 어려워졌다.

FP가 많이 보는 보험 세무 도서 중 하나는 2023년 개정판에 "이제는 더 이상 증여 후 이익소각 자본거래는 실무적으로 선택하기 어려운 대안이라고 판단됩니다."라고 표현할 정도였다.

물론 '신이익소각', '수성 이익소각' 등으로 이름 붙이고, 기존에 부인된 사례에서 개선점을 찾아 증여 후 이익소각이 아직 가능하다는 전문가들도 있다. 하지만 컨설팅 자체가 불확실성을 가지는 이상 대중적으로 활용되기는 어려워졌다.

<극적으로 부활한 증여 후 이익소각, 책임지는 컨설팅의 중요성>

2023년 도입이 예고되었던 금융투자소득세는 2025년까지 적용 시기가 미뤄졌다. 당연히 관련 규정인 주식의 양도소득세 이월과세 적용도 자연스럽게 미뤄졌다. 증여 후 이익소각이 활발하게 진행되는 상황이었다면 다시 한번 절판 마케팅을 할 수 있는 기회로 작용했을 것이다. 하지만 사실상 이미 사형선고를 받은 증여 후 이익소각 컨설팅이 금융투자소득세 적용 연기로 다시 살아날 가능성은 없어 보였다.

하지만 2023년 4월부터 증여 후 이익소각에 대한 행정소송에서 납세자가 승소하는 케이스가 나오기 시작하며 분위기가 반전되었다. 애초에 과세 관청의 무리한 과세였다고 생각하는 쪽이 많았는데, 결국 행정소송까지 가서 납세자가 승소한 것이다.

증여 후 이익소각은 세법을 모두 준수하여 실행한 절세 플랜에 가깝기 때문에 향후 과세 관청이 다시 뒤집기는 쉽지 않아 보인다. 이후에 진행되는 불복이나 소송도 납세자가 이길 확률이 높다. 이렇게 분위기가 반전되면서 증여 후 이익소각이 부활할 조짐이 보인다.

올해 말까지 납세자가 승소하는 판례가 누적된다면 2024년부터는 이익소각이 다시 활기를 되찾을 것으로 예상된다. 거기에 2025년까지 미뤄진 금융투자소득세 도입은 다시 한번 증여 후 이익소각으로 절판 마케팅을 할 수 있는 토대가 될 것이다.

하지만 납세자가 승소한 행정소송 결과가 나온다고 해서 증여 후 이익소각으로 세무조사를 받은 법인대표 모두가 구제되지는 않는다. 만약 증여 후 이익소각으로 세무조사를 받은 후 관련 세금을 내고 불복하지 않았다면 추후에 유사한 사례에서 납세자가 승소한 판례가 나와도 소용없다. 즉, 이미 세금을 낸 사람은 구제받지 못한다. 하지만 현재 증여 후 이익소각에 관련된 조사를 받고 있거나 불복 중인 법인대표에게는 납세자 승소 판례가 영향을 줄 것이다.

보험업계에서 주도한 증여 후 이익소각은 전국적으로 수없이 진행되었을 것이다. 그 과정에 수많은 세무조사가 있었을 것으로 생각된다. 하지만 과연 증여 후 이익소각을 제안하고 보험계약을 체결했던 FP가 세무조사까지 성실하게 대응해 주었을지 의문이 든다.

누군가는 끝까지 책임지기 위해 행정소송까지 진행해서 고객을 지켜 주었고, 누군가는 대응할 능력이 없거나 책임을 회피했을 것이다. 이러한 상황과 관련해 이번 챕터에서 말하고자 하는 핵심 주제가 있다.

필자는 증여 후 이익소각에 문제가 '있다/없다'를 논하려는 것이 아니다. 행정소송에서 납세자가 승리했다고 해도 여전히 소각 대가의 실질적 귀속에 따라 부인되는 사례는 충분히 나올 수 있다. 다만 본인이 제안한 컨설팅을 끝까지 책임지는 FP와 그러지 않는 FP를 비교하고자 하는 것이다.

<세무 컨설팅을 한다면 충당금을 쌓아야 할 때>

　CEO 플랜 이후에 세무 컨설팅을 기반으로 한 보험 영업 콘셉트는 세무적인 깊이나 난이도가 많이 높아져 있다. 그만큼 세무 리스크도 같이 증가하게 된다. 즉, 과거에는 대부분의 컨설팅에 논란의 여지가 없어 쉽게 제안하고 실행할 수 있었으나, 앞으로의 세무 컨설팅 콘셉트에는 고도화된 내용이 많아지는 만큼 사후관리 리스크도 증가할 것이다.

　이번에 행정소송까지 진행해서 승소를 이끌어 낸 FP는 이러한 시대 흐름에 맞춰 끝까지 책임지는 컨설팅을 실행했다. 단순히 증여 후 이익소각이 할 만해졌다는 의미보다는 끝까지 책임졌다는 점에 높은 점수를 주고 싶다. 소송까지 해서 본인이 진행했던 컨설팅에 책임을 지고, 고객을 지켜 준다면 당연히 신뢰도는 더욱더 올라갈 수밖에 없다. 하지만 이와는 반대로 본인이 제안한 컨설팅이 문제가 되었을 때 회피하고 나 몰라라 하는 FP는 어떻게 될까? 그리고 그런 FP를 경험한 고객은 향후 보험 시장과 FP를 어떻게 바라볼까?

　세무 컨설팅을 동반한 보험 영업은 부가가치가 높다. 즉, 굉장히 고액의 보험을 판매할 수 있다. 하지만 일부 FP는 고소득에 비례한 책임 의식이 없는 듯하다. 그런 FP는 중요한 사실을 간과하고 있다. 책임 의식이 없는 영업은 문제가 생길 때마다 고객을 잃게 된다는 점이다.

단기 실적을 위해 책임질 수 없는 컨설팅을 하다가 문제가 생기면 기존 고객을 버리고 신규 고객을 계속해서 찾아다니는 메뚜기식 영업은 더 이상 이루어져서는 안 된다. 이는 본인뿐만 아니라 동종 업계 동료들에게 심각한 피해를 입히는 일이며, 장기적인 소득 측면에서도 결코 좋지 않다.

　당장에 큰 계약을 받으려고 무리하기보다는 고객과 함께 성장해 나가는 장기적인 영업이 필요하다. 법인대표는 그 수가 많지 않기 때문에 새롭게 발굴하여 만나기가 어렵다.

　세무 컨설팅을 전문적으로 하는 FP라면 앞으로 여러분의 소득 일부를 세무조사 대응과 행정소송에 대비한 충당금으로 쌓아 놓길 바란다. 책임질 준비를 해 놓고 있어야 한다는 뜻이다. 그러지 않으면 어렵게 확보한 법인 고객을 하나둘씩 놓치게 될지도 모른다.

2부

2024년 미리보기

1. 유산취득세 도입, 너무 걱정하지 말자

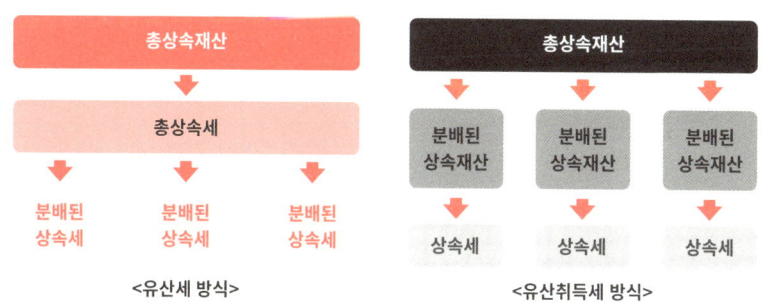

<유산세 방식에서 유산취득세 방식으로 전환?>

현행 상속세 과세 체계는 유산세 방식이다. 유산세 방식이란 상속인이 일인이든 다수이든 관계없이 상속재산 전체에 대하여 세액을 계산하는 방식이다. 전체 상속재산에 대해 상속세를 계산한 후 각 상속인의 상속 지분에 따라 세액을 나눈다. 유산세 방식은 유산과세형이라고도 부른다.

반대로 유산취득세 방식은 피상속인의 유산을 상속인별로 분할한 후 각 상속인이 취득한 상속재산을 대상으로 초과누진세율을 적용해 세액을 계산하는 방식이다. 유산취득세 방식은 취득과세형이라고도 한다.

유산세 방식과 유산취득세 방식은 얼핏 보면 세부담이 비슷해 보인다. 결과적으로는 상속받은 재산 규모에 따라 세액을 나누어 부담하므로 차이가 없어 보이기 때문이다. 하지만 상속세율은 초과누진세율 구조이기 때문에 과세표준이 클수록 세부담이 급격하게 늘어난다.

유산세 방식은 각 상속인이 분배받은 유산이 아닌 유산 총액을 기준으로 세액을 계산하므로 과세표준이 커 높은 누진세율을 적용받을 확률이 높다. 이렇게 높은 누진세율이 적용된 세액을 상속인이 나누어 부담하게 된다. 결국 유산세 방식이 유산취득세 방식에 비해 상대적으로 세부담이 클 수밖에 없다.

윤 정부 들어 꾸준하게 추진되고 있는 부분이 바로 상속세와 증여세 부담을 완화시키는 세제개편이다. 삼성가와 넥슨가의 조

단위 상속세, 집값 급등으로 인한 상속세 대중화가 이슈 트리거가 되었다. OECD 최고 수준의 상속세와 증여세에 대한 개정이 요구된 것이다.

　증여세의 경우 2022년에 성년 자녀의 증여재산공제를 1억으로 늘리는 방안을 추진했으나, 여론의 반대에 부딪혀 무산되었다. 2023년에는 세법 개정안에 혼인에 대한 증여재산공제를 추가하면서 증여세를 완화했다. 상속세의 경우에는 가업승계 관련 제도 대상을 확대했다. 또한 상속세 과세체계를 유산세 방식에서 유산취득세 방식으로 변경하는 방안을 추진했다. FP가 많이 우려하는 지점은 아무래도 유산취득세 방식으로의 개편일 것이다. 상속세 개편으로 상속세 부담이 줄어들면 자산가들의 종신보험 니즈도 같이 줄어들 것이 자명하기 때문이다.

<상속인이 많을수록 더 많은 세금을 내는 유산세 방식>

　현행 유산세 방식은 상속인이 많을수록 세금이 늘어날 수 있다. 상속인이 많으면 1인당 받는 상속재산이 적을 테니 세금도 적이야 하는 것이 낭연해 보이지만, 상속인들의 세금 합계는 오히려 늘어난다. 사례를 통해 살펴보자

[50억, 3인 가족 vs. 50억, 4인 가족 상속세 비교]

50억, 3인 가족		50억, 4인 가족	
	금액		금액
상속재산	5,000,000,000	상속재산	5,000,000,000
(-)일괄공제	500,000,000	(-)일괄공제	500,000,000
(-)배우자상속공제	3,000,000,000	(-)배우자상속공제	2,142,857,143
(=)과세표준	1,500,000,000	(=)과세표준	2,357,142,857
(x)세율	40%	(x)세율	40%
(-)누진공제액	160,000,000	(-)누진공제액	160,000,000
(=)산출 세액	440,000,000	(=)산출 세액	782,857,143

※ 배우자와 자녀는 법정 지분율만큼 상속받는다고 가정

50억 자산가를 기준으로 3인 가족은 상속세 산출 세액이 4.4억이지만 4인 가족은 7.82억이 된다. 이는 배우자상속공제의 차이 때문이다. 배우자상속공제는 배우자가 실제로 상속받은 만큼만 공제해 준다. 법정 지분율 이상으로는 공제받을 수가 없다. 가족 수가 많을수록 배우자의 법정 지분율은 낮아진다. 반대로 가족 수가 적을수록 배우자의 법정 지분율에 따른 상속재산이 늘어나고 배우자상속공제액도 커지게 되어, 가족 수가 많은 경우보다 상속세를 덜 내게 된다.

<유산취득세 방식은 얼마나 세금이 줄어들까?>

정부가 유산취득세 방식으로 전환을 추진하고 있으나, 구체적

으로 어떻게 유산취득세 방식을 도입할지는 전혀 알려진 바가 없다. 또한 상속공제액이나 세율 개정 역시 언론에서 전혀 다루지 않고 있다. 필자는 현재 세율과 상속공제액을 기준으로 유산취득세 방식을 적용해 대략 얼마나 상속세가 줄어드는지 분석해 보고자 한다.

일단 100억 자산가(3인 가족 가정)를 기준으로 현행 유산세 방식에 따라 계산하면 상속세는 27.9억(산출 세액 기준)이 된다. 공제는 가장 일반적으로 받을 수 있는 일괄공제와 배우자상속공제만 적용했다.

유산세 방식 / 3인 가족

	금액
상속재산	10,000,000,000
(-)일괄공제	500,000,000
(-)배우자상속공제	3,000,000,000
(=)과세표준	6,500,000,000
(x)세율	50%
(-)누진공제액	460,000,000
(=)산출 세액	2,790,000,000

※ 배우자와 자녀는 법정 지분율만큼 상속받는 것을 가정

이제 유산취득세 방식을 적용해 보자. 유산취득세가 적용되면 상속재산 전체가 아닌 각자 받은 상속재산을 기준으로 상속세를

계산해야 한다. 배우자와 자녀의 상속재산 분배는 법정 지분율대로 한다고 가정했다.

유산취득세 방식 / 3인 가족

	배우자	자녀
상속재산	6,000,000,000	4,000,000,000
(-)일괄공제	0	500,000,000
(-)배우자상속공제	3,000,000,000	0
(=)과세표준	3,000,000,000	3,500,000,000
(x)세율	40%	50%
(-)누진공제액	160,000,000	460,000,000
(=)산출 세액	1,040,000,000	1,290,000,000
산출 세액 합계	2,330,000,000	

※ 배우자와 자녀는 법정 지분율만큼 상속받는다고 가정
※ 배우자상속공제는 배우자의 상속세 계산 시 적용한다고 가정
※ 일괄공제는 자녀의 인원수로 나눈 만큼 적용한다고 가정

유산세 방식에서 유산취득세 방식으로 전환되면 총상속세가 27.9억에서 23.3억으로 줄어드는 것을 볼 수 있다. 유산취득세 방식으로 전환될 때 상속인이 많은 가정일수록 상속세 하락 폭이 크다. 즉, 자녀 수가 많을수록 세부담이 줄어든다. 자녀 수가 늘어나면 1인당 상속받는 자산 규모가 줄어들기 때문이다. 이를 증명하기 위해 4인 가족을 기준으로 유산취득세 방식을 계산해서 비교해 보자.

	배우자	자녀 1	자녀 2
상속재산	4,285,714,286	2,857,142,857	2,857,142,857
(-)일괄공제	0	250,000,000	250,000,000
(-)배우자상속공제	3,000,000,000	0	0
(=)과세표준	1,285,714,286	2,607,142,857	2,607,142,857
(x)세율	40%	40%	50%
(-)누진공제액	160,000,000	160,000,000	160,000,000
(=)1인당 산출 세액	354,285,714	882,857,143	882,857,143
산출 세액 합계	2,120,000,000		

유산취득세 방식 / 4인 가족

※ 배우자와 자녀는 법정 지분율만큼 상속받는 것을 가정
※ 배우자상속공제는 배우자의 상속세 계산시 적용하는 것을 가정
※ 일괄공제는 자녀의 인원수로 나눈 만큼 적용하는 것을 가정

유산취득세 방식이 적용되면 상속인이 많을수록 상속세가 줄어드는 것을 알 수 있다(3인 가족: 23.3억, 4인 가족: 21.2억).

지금까지 유산세 방식과 유산취득세 방식을 비교, 분석해 보았다. 계산해 보니 유산취득세 방식이 적용되더라도 상속세가 획기적으로 줄지는 않을 것으로 예상된다. 과세표준, 세율, 상속공제에는 변화가 없기 때문이다. 따라서 향후 개정 과정에 과세표준, 세율, 상속공제 등이 변하지 않는다면 FP 입장에서는 크게 걱정하지 않아도 될 것으로 보인다.

올해 초 언론 보도에 따르면 2023년 세법 개정안에 유산취득

세가 적용될 것으로 예상되었다. 하지만 실제로 올해 7월에 발표된 세법 개정안에는 유산취득세 내용이 전혀 없었다.

유산취득세 적용은 상속세 과세체계를 전면적으로 개편하는 것이라 단기간에는 쉽지 않을 것이다. 또한 법인세, 상속세, 증여세 감세를 지속적으로 추진하면 '부자감세'라는 비판이 일어나는 정치적 부담도 분명히 존재할 것이다. 또한 법인세율 인하와 주요 대기업의 실적 부진으로 세수가 부족한 상황에서 상속세 과세체계를 전면적으로 개편하면서까지 단기적으로 수정하지는 않을 것으로 보인다. 상속세 납부 재원 마련을 목적으로 종신보험의 니즈를 환기해야 하는 FP 입장에서는 다행이라고 할 수 있다.

<유산취득세 방식과 상속세 연대납세의무>

현행 상속세는 상속이 이루어지면 피상속인의 재산에 대해 총상속세를 계산하고, 상속인들이 받은 재산을 한도로 각각 상속세 납부 의무가 발생하는 것이 원칙이다. 하지만 상속세는 상속인 또는 수유자 각자가 받았거나 받을 재산을 한도로 상속세를 연대하여 납부할 의무를 진다.[1] 이를 상속세 연대납세의무라고 한다.

상속세 연대납세의무는 과세 관청에 매우 유리한 제도로 보인다. 내 몫의 상속세를 모두 부담했음에도 불구하고, 상속세를 납부

---

1   상속세 및 증여세법 3조의 2 제3항

하지 않은 다른 상속인의 상속세까지 본인이 부담해야 하기 때문이다. 과세 관청은 상속인 한 명이 상속세를 내지 않더라도 다른 상속인이 대신 낼 것이므로 조세채권 확보가 용이하다. 한마디로 과세 관청은 누가 내든 세금만 걷으면 된다는 입장인 것이다.

하지만 상속세 연대납세의무가 납세자에게 불리한 것만은 아니다. 상속세 연대납세의무에 따라 다른 상속인의 상속세를 대신 납부하는 것은 증여로 보지 않기 때문이다. 참고로 증여자가 수증자 대신 증여세를 납부하면 증여세가 추가로 과세된다. 경제적 실질을 보면 상속세 대납 역시 증여세 대납과 마찬가지로 증여로 봐야 하지만, 상속세는 상속인 간에 연대납세의무가 있기 때문에 증여세가 없다. 증여세 대납과 달리 상속세 대납에는 증여세가 없는 점을 잘 활용하면 1차 상속과 2차 상속의 상속세 절세가 모두 가능하다.

문제는 이렇게 절세 수단으로 활용될 수 있는 연대납세의무가 유산세 방식에 근거하고 있다는 점이다. 만약 상속세가 유산취득세 방식으로 변경된다면 상속세 연대납세의무 역시 없어질 가능성이 있다.

유산취득세 방식으로 전환되어 상속세 연대납세의무가 없어진다면 종신보험의 세일즈 콘셉트 중 두 가지에 영향을 줄 수 있다.

첫 번째는 '3세대 플랜'이다. '3세대 플랜'이란 계약자는 조부모, 피보험자는 부모, 수익자는 손주로 설정해 종신보험을 가입하고 완납한 후 조부모가 사망하면 유언을 통해 계약자를 손주로 변경해 상속하는 방법이다. 그러면 계약자와 수익자 모두 손주가 되기 때문에 부모 사망 시 손주는 사망보험금의 상속세를 부담하지 않아도 된다.

핵심은 손주가 실질적으로 부담하는 상속세가 없다는 점이다. 손주는 종신보험 계약을 상속받을 때(계약자 변경이 조부모에서 손주로 될 때) 상속재산을 받았으므로 본인이 받은 재산에 대해 상속세를 부담해야 한다. 여기서 상속세 연대납세의무를 활용해 손주가 부담해야 할 상속세를 부모가 대신 납부할 수 있다. 그러면 손주는 상속세를 실질적으로 전혀 부담하지 않고 종신보험 계약을 승계받을 수 있다. 추후에 보험금이 지급될 때도 상속세를 부담하지 않는다. 하지만 연대납세의무가 없어지면 부모가 상속세를 대신 납부하는 것이 증여가 되어 증여세를 부담해야 한다. 손주가 상속세 부담 없이 사망보장을 받는다는 3세대 플랜의 강점이 희석되는 것이다.

두 번째는 부부 교차 종신보험이다. 종신보험의 계약자와 수익자를 일치시키면 상속세가 없다는 사실[2]은 이 책을 읽는 분이라면 다 알고 있을 것이다. 이를 활용한 콘셉트 중 하나가 부부 교차 종신보험이다. 계약자와 수익자는 본인이 되고 피보험자는 배우자

---

2   계약자가 실질적으로 납부한 경우에 한함

로 하여 종신보험을 가입하면 부부 중 한 명이 먼저 사망할 때 지급되는 사망보험금에는 상속세가 부과되지 않는다.

문제는 사망한 배우자가 계약자로 있던 종신보험의 경우 상속을 통해 계약자가 변경되어야 한다는 점이다. 이때 계약자를 자녀로 변경하면 계약자와 수익자가 자녀인 계약이 되고, 추후 피보험자 사망 시 자녀는 상속세 부담 없이 사망보험금을 받는다. 이때 3세대 플랜과 마찬가지로 자녀는 상속받은 종신보험 계약의 상속세를 부담해야 한다. 하지만 상속세 연대납세의무를 활용해 부모가 대신 상속세를 납부하면 자녀는 실질적으로 상속세를 부담하지 않는다. 만약 연대납세의무가 없어진다면 자녀가 종신보험 계약을 상속받을 때 상속세를 직접 부담해야 한다.

⟨예측은 예측일 뿐⟩

이 챕터 내용 대부분은 합리적인 근거를 가진 '예측'일 뿐이다. 아무리 합리적 근거를 갖추었다 하더라도 미래는 알 수가 없다. 유산취득세 방식으로 전환하면서 과세표준, 세율, 상속공제까지 모두 개정해서 상속세 부담이 파격적으로 낮아질 수도 있고, 윤 정부 내내 개정하지 않을 수도 있다. 또한 유산취득세 방식으로 전환되더라도 상속세 연대납세의무는 남아 있을 수도 있다.

경기침체에 따른 세수 부족과 정치적 부담으로 당장의 상속세 개정은 한숨을 돌린 것이 분명하다. 상속세 개정 추이를 지켜보되

너무 비관적으로 볼 필요는 없을 것으로 보인다. 섣불리 유산취득세 방식을 가정하고 컨설팅하기보다는 현행 상속세를 기준으로 컨설팅하는 것이 현명하다고 판단된다.

2. 경정청구 컨설팅, 계속해서 영업 무기가 될까?

<왜 이리 잘못 낸 세금이 많을까?>

경정청구 컨설팅은 증여 후 이익소각과 더불어 최근 몇 년간 가장 뜨거운 컨설팅 분야 중 하나다. 경정청구란 이미 신고, 결정, 경정된 과세표준 및 세액 등이 과대(또는 이미 신고, 결정, 경정된 결손금액 또는 환급 세액이 과소)한 경우 과세 관청에 이를 정정하여 결정 또는 경정하도록 촉구하는 제도를 말한다. 사전적 정의를 보면 어렵게 느껴지지만, 한마디로 말하면 '많이 낸 세금 돌려주는 것'을 경정청구라 할 수 있다.

경정청구라는 용어는 낯설 수도 있지만, '많이 낸 세금을 돌려받게 해 준다'는 말은 TV에서도 수없이 들었을 것이다. '삼쩜삼'이라는 서비스 광고에서도 많이 언급되었기 때문이다.

'삼쩜삼'은 2020년 자비스앤빌런즈라는 회사가 출시한 세금환급 서비스다. 이 서비스는 프리랜서나 N잡을 하는 근로자들을 목표로 했다. 근로소득의 경우 연말정산을 통해 원래 내야 할 세금보다 많이 원천징수를 했다면 환급받을 수 있다. 하지만 아르바이트, 프리랜서, 플랫폼 노동자 등 3.3%를 원천징수 하고 받는 소득이 있는 납세자는 스스로 종합소득세 신고를 해야 본인의 진짜 세금을 확정하고 더 낸 세금이 있다면 돌려받을 수 있다. 문제는 3.3% 원천징수 대상자 가운데 본인의 세금에 대한 정확한 지식과 정보가 부족해 3.3%가 확정된 세금이라고 생각하는 사람이 많다는 점이다.

삼쩜삼은 이 틈새시장을 파고들었다. 국세청 홈택스나 세무사를 통해 종합소득세를 신고할 필요 없이 앱에 개인정보만 입력하면 환급액을 예상해 주고, 환급 세액의 일정액만큼 수수료를 받아갔다. 처음에 이 서비스가 시작되었을 때 3.3% 원천징수 대상자는 환호했다. 마치 공돈이 생긴 기분이었을 것이다. 서비스 초반 종합소득세 신고를 해야 한다는 생각 자체가 없었던 프리랜서를 대상으로 돌풍을 일으켰다. 하지만 이 돌풍은 오래가지 않았다.

세금 환급에 대한 프리랜서의 관심이 늘면서 국세청이 이들을 위해 움직이기 시작했기 때문이다. 국세청은 민간의 세무 대리 플랫폼보다 더 간편한 서비스를 제공해 세무 사각지대에 있는 납세자를 적극 지원하겠다는 의지를 보였다. 그 결과 배달 기사, 대리운전 기사와 같은 인적용역 소득자 178만 명을 대상으로 국세 2,220

억을 환급해 주기로 했다.[3]

　삼쩜삼이 하던 일을 국세청이 하게 된 것이다. 이는 삼쩜삼에서 해 주는 세금 환급이 대단한 세무 지식이나 기술을 요하지 않는 단순 작업이었기 때문에 가능했다. 실제로 블로그 몇 개만 검색해 보면 삼쩜삼과 유사하게 국세청 홈택스에서 직접 환급받을 수 있다. 처음 삼쩜삼 서비스에 환호했던 프리랜서는 이제 '겨우 그거 해 주고 그렇게 수수료를 많이 받았나' 하면서 오히려 배신감을 느낄지도 모르겠다.

　　<보험업계에서의 경정청구>

　경정청구는 많이 낸 세금을 돌려받는 것이다. 여기서 세금은 모든 세금을 의미한다. 하지만 보험업계에서 사용되는 경정청구 업무는 실제로 대부분 고용 관련 세액공제를 중심으로 진행되고 있다.

　고용 관련 세액공제는 2018년부터 시작되었다. 문 정부 들어 '최저임금 10,000원' 공약을 지키기 위해 최저임금을 가파르게 상승시켰다. 최저임금이 갑자기 오르면 영세자영업자와 중소기업에 타격이 있을 것이고 고용을 줄일 수밖에 없다. 또한 오른 최저임금만큼의 생산성을 내지 못하는 일자리는 소멸할 수도 있다. 당시 정

3　머니투데이, "국세청, 배달 라이더·대리운전·학원강사 등 178만 명에 2,220억 환급", 2023. 8. 24.

부는 이러한 최저임금 인상의 부작용을 완화하기 위해 고용을 증대시킨 기업에 세액공제를 해 주었다. 바로 '고용을 증대시킨 기업에 대한 세액공제'[4] 이다.

문제는 초기에 사업주나 담당 기장 세무사가 이를 제대로 활용하지 못했다는 점이다. 사업주가 매년 개정 세법을 제대로 확인하고 이해하여 적용하기란 불가능한 일이다. 기장 세무사 역시 해당 규정을 인지하지 못했거나, 인지했음에도 해당 세액공제를 적극적으로 적용해 주기는 어려웠다.

세무 업무나 세무사 업계를 잘 모르는 입장에서 보면 직무 유기라고 생각할 수 있지만, 실제로 일하는 세무사 입장은 다르다. '고용을 증대시킨 기업에 대한 세액공제'를 정확하게 계산하고 적용하는 데 상당한 시간과 노력이 들어가기 때문이다. 정해진 기장 수수료를 받는 입장에서는 굳이 고객이 요청하지도 않고 수수료도 주지 않는 일 때문에 사서 고생할 이유가 없다.

결국 기업을 지원하기 위한 조세특례 규정이 생겼지만, 제대로 활용되지 못하는 경우가 늘어났다. 이를 보험업계에서 경정청구 컨설팅으로 활용했다. 경정청구는 소급해서 5년까지의 세금을 환급받을 수 있다. 다시 말해 2018년부터 받을 수 있었던 '고용을 증대시킨 기업에 대한 세액공제' 5년 치를 소급해서 받을 수 있었

---

4 '통합 고용 세액공제'라는 이름으로 다른 세액공제를 흡수, 통합하여 변경되었으나 이해를 돕기 위해 과거 용어를 사용

던 것이다.

　FP를 통해 이러한 제안을 받은 사업주는 분노했다. '우리 기장 세무사는 이런 걸 왜 안 해 주지?' 하며 불만이 생겼을 것이다. 하지만 기장 세무사들도 할 말이 있었다. 세액공제 적용해 주고 수수료 달라고 했으면 줬을 거냐는 것이다. 또한 지금 FP에게 받은 경정청구 컨설팅은 공짜냐는 것이다.

　경정청구를 활용한 FP의 영업은 처음에는 기장 세무사를 불편하게 했지만, 결국 웃게 만들었다. 각종 세액공제의 적용이나 경정청구에 대해 이제는 정당하게 수수료를 요구할 수 있게 되었기 때문이다. FP가 경정청구 컨설팅을 무기로 영업활동을 하지 않았다면 먹거리가 되지 않았거나 무료로 해 주었을 일을 FP 덕분에 정당하게 수수료를 받고 할 수 있게 된 셈이다.

<경정청구 앞으로도 보험업계의 먹거리가 될까?>

　경정청구 컨설팅이 최근 몇 년간 가장 핫했던 컨설팅 아이템이었음은 부인할 수 없지만, 앞으로도 그럴지에 대해서는 회의적이다.

　첫 번째 이유는 '할 만한 곳은 이미 다 했다'는 점이다. 경정청구 컨설팅 초창기에는 과거에 경정청구를 한 적이 없기 때문에 5년 치 세금을 환급받을 수 있었다. 5년 치가 한꺼번에 들어오니 환급액이 커서 고객이 느끼는 혜택도 클 수밖에 없었다. 하지만 이미 경정청구를 한번 받은 곳은 1년은 기다려야 환급액을 기대할 수 있으며, 그 크기 역시 1년 치밖에 되지 않는다. 경정청구 컨설팅의 부가가치가 작아진 것이다.

두 번째 이유는 인공지능의 발달이다. 세무 분야에서 인공지능이 가장 많이 적용된 업무 분야 중 하나가 바로 경정청구다. 경정청구 컨설팅 초창기에는 FP가 고객을 확보해 주고 세무사가 경정청구 업무를 하면서 공생관계가 유지되었다. 하지만 IT 기술을 기반으로 고객이 직접 앱을 통해 경정청구를 할 수 있게 되면 고객과 세무사를 중간에서 연결해 주는 FP의 역할은 필요가 없어진다. 고객과 세무사 간에 직거래가 된다는 의미이다.

세 번째 이유는 '기장 세무사의 각성'이다. FP가 경정청구 컨설팅을 적극적으로 영업해 준 덕분에 기장 세무사들이 정당하게 경정청구 수수료를 요구할 수 있게 되었다. 또한 경정청구 업무에 숙달되면서 본인이 보유한 기존 거래처에도 선제적으로 제안하여 수수료를 받고 있다. FP가 치고 들어갈 부분이 점점 줄어들고 있다는 뜻이다.

경정청구 컨설팅에서 기장 세무사와 고객은 내부인이고, FP는 외부인이다. 즉, 기장 세무사는 경정청구를 위한 모든 정보를 알고 있어서 해당 컨설팅에 가장 최적화된 사람이다. 그들이 바빠서 혹은 돈이 안 돼서 하지 않았던 일을 이제는 직접 하기 시작했다. 이는 삼쩜삼이 했던 프리랜서 세금 환급을 국세청이 직접 수행해

버리자 파이가 작아진 사례와 유사하다.

따라서 앞으로 보험업계의 경정청구 컨설팅은 상대적으로 축소될 가능성이 높다. 인공지능에 치이고, 기장 세무사에 치일 수밖에 없기 때문이다. 일부 앞서가는 FP는 경정청구 컨설팅 범위를 고용증대 관련 세액공제에만 한정하지 않고 다른 세액공제나 감면들을 이용해 확대해 나가려 노력하고 있다. 하지만 그러한 세액공제들은 대중적으로 적용되기가 힘들어 고용증대 관련 세액공제 같은 파급력은 없을 것으로 보인다.

이러한 시장 상황에서 경정청구 컨설팅을 위해서는 지역 선별이 매우 중요해 보인다. 아직 때 묻지 않은 곳, 정보를 듣지 못한 곳을 찾아야 한다. 기장 세무사들의 수준이 상대적으로 낮은 지역이 그나마 가능성이 있어 보인다. 그렇지 않으면 경정청구 컨설팅을 지속적으로 활용하기는 쉽지 않아 보인다.

3. 2023 세법 개정안 – 혼인에 따른 증여재산공제

2023년 7월에 발표된 세법 개정안 중 언론과 대중의 관심을 많이 받은 내용은 '혼인에 따른 증여재산공제'였다. '혼인에 따른 증여재산공제'는 쉬워 보이면서도 주의해야 할 점이 많은 규정이다. 자산가 고객들의 질문도 가장 많을 것으로 예상되는 항목이므로 철저한 학습이 필요하다. 주요 포인트별로 정리해 보았다.

<증여자는 직계존속 - 조부모도 가능>

'혼인에 따른 증여재산공제'에서 증여자는 '직계존속'으로 정의되어 있다. 즉, 자산을 무상으로 주는 사람이 직계존속이면 공제가 적용된다. 시부모나 처부모는 공제 대상에 해당하지 않는다. 여기서 중요한 부분은 증여자가 부모에 한정되지 않는다는 점이다. 보통은 결혼할 때 경제적으로 지원해 주는 사람이 부모인 경우가 대부분이기 때문에 언론에서는 '부모님에게 1억을 세금 없이 증여받을 수 있다'고 보도하기도 한다. 이는 틀린 말은 아니지만 자칫 부모에게 증여받는 것만 '혼인에 따른 증여재산공제' 대상이 된다는 오해를 유발할 수도 있다.

직계존속에는 부모뿐만 아니라 조부모도 포함된다. 따라서 조부모에게 지원받더라도 '혼인에 따른 증여재산공제'는 적용된다. 물론 조부모, 부모에게 각각 1억씩 중복 적용은 되지 않는다. 자산가 가문이라면 되도록 조부모에게서 증여받을 때 활용하는 편이 장기적인 상속세 절세에 더 유리할 것이다.

<자산 종류, 사용처를 따지지 않고 1억 공제>

현재 발표된 개정안을 기준으로 보면 1억이라는 공제 한도 외에는 별다른 제약조건이 없다. 증여재산의 종류를 따지지 않는다는 뜻이다. 증여재산 종류는 현금이 가장 무난해 보이지만, 진정한 상속 증여 고수라면 현금보다는 저평가된 자산을 증여하여 미래의 상속세나 증여세까지 동시에 절세할 수도 있다. 또한 증여자가 법인의 오너 CEO라면 '혼인에 따른 증여재산공제'를 활용해 회사 주식을 자녀에게 줄 수도 있다.

이렇게 이전된 주식을 통해 배당소득을 받는다면 장기적으로 자녀에게 자금 출처를 만들어 주게 되어 추가적인 절세가 가능하다. 공제 이름이 '혼인에 따른 증여재산공제'이긴 하지만 증여받은 자산의 사용처에 대한 사후관리 요건은 없다. 따라서 증여받은 재산을 결혼 비용으로 쓰지 않아도 된다.

<적용 기간 - 혼인신고일 이전 2년에서 혼인신고일 이후 2년>

요즘은 결혼식을 하고 두 사람이 한집에서 살림을 시작해도 혼인신고를 바로 하지 않는다. 혹시 모를 이혼에 대비하거나 신혼특공 등 신혼부부에게 주어지는 혜택을 최대한 누리기 위해서다. 이번에 발표된 '혼인에 따른 증여재산공제'는 이러한 트렌드를 반영해 적용 기간을 혼인신고일 이전 2년에서 혼인신고일 이후 2년까지, 총 4년으로 두고 있다.

즉, 혼인신고를 하기 전에도 공제를 받을 수 있다. 만약 증여를 먼저 하고 추후에 혼인신고를 하는 경우 증여일로부터 2년 안에 반드시 혼인신고를 해야만 추가적인 세금 문제가 없다. 만약 '혼인에 따른 증여재산공제'를 활용해 미리 증여를 받았으나, 결혼 생활이 유지되지 않는다면 '혼인에 따른 증여재산공제'를 받은 것이 취소되어 세금을 추가로 부담해야 한다. 문제는 가산세와 이자 부분이다. 증여일로부터 2년 이내에 혼인하지 않은 경우에 증여일로부터 2년이 되는 날이 속하는 달의 말일부터 3개월이 되는 날까지 수정신고 또는 기한 후 신고를 하면 가산세가 면제된다(이자 성격의 세금은 부과됨).

앞선 상황과는 반대로 혼인신고를 한 후 '혼인에 따른 증여재산공제'를 활용해 증여를 받으려면 혼인신고일로부터 2년 안에 증여하면 된다. 다만 '혼인에 따른 증여재산공제'는 2024년 1월 1일 이후 증여분부터 적용된다는 점을 주의해야 한다. 따라서 2022년 1월 1일 이전에 결혼한 부부는 이 공제를 적용받을 수 없다. 2024년 1월 1일이 되면 혼인신고일로부터 2년이 이미 지났기 때문이다.

2022년 상반기에 혼인신고를 완료한 부부는 2024년이 되자마자 증여를 서두르는 것이 좋다. 자칫 잘못하면 혼인신고일로부터 2년이 경과해 버려 공제를 받지 못하기 때문이다.

<반환 특례>

'혼인에 따른 증여재산공제'를 적용받은 재산을 혼인할 수 없

는 정당한 사유가 발생한 달의 말일로부터 3개월 이내에 증여자에게 반환하면 처음부터 증여가 없던 것으로 본다. '처음부터 증여가 없었던 것으로 본다'는 점은 상당한 세제상 혜택이다. 상속세 및 증여세법에서는 증여와 반환에 대해 증여세를 부과하고 있기 때문이다.

[증여와 반환에 따른 증여세 과세]

구분	당초 증여	반환 및 재증여
증여세 신고기한 내 반환	X	X
증여세 신고기한 경과 후 3개월 이내 반환	과세	X
증여세 신고기한 경과 후 3개월 이후 반환	과세	과세

증여세법에 따라 증여세 신고기한인 증여 후 3개월 이내에 증여를 취소하고 증여재산을 반환하면 최초 증여와 반환이 모두 증여가 아닌 것으로 보아 증여세 문제가 없다. 하지만 증여세 신고기한 경과 후 3개월 이내에 증여재산을 반환하면 최초 증여에는 증여세가 과세되고, 반환만 증여로 보지 않아 세금 문제가 없다. 그리고 증여세 신고기한 경과 후 3개월 이후에 증여재산을 반환하면 증여와 반환 모두 증여로 보아 각각 증여세가 과세된다. 즉, 증여와 반환을 돌려주는 것으로 보지 않고 각각 서로에게 증여한 것으로 본다.

예외적으로 현금에는 위 규정이 적용되지 않는다. 현금은 반환이라는 개념을 인정하지 않는다. 현금을 제외한 재산은 일정 기간 이내에 반환하면 증여세가 과세되지 않지만, 현금은 반환 기간과 관계없이 증여와 반환을 모두 증여로 본다.

살펴본 바와 같이 증여재산의 반환 시기와 재산 종류에 따라 증여세 과세 여부가 달라진다. 반면 '혼인에 따른 증여재산공제'는 정당한 사유가 발생한 달의 말일로부터 3개월 이내에 반환하기만 하면 처음부터 증여가 없었던 것으로 본다. 증여재산이 현금이어도 반환에 증여세를 과세하지 않는다. 이는 증여재산의 반환에 대한 상당한 특례라 할 수 있다.

하지만 이러한 특례를 넓게 인정하면 악용하는 사례가 나올 수 있다. 이를 방지하기 위해 반환 특례를 적용받으려면 '정당한 사유'가 있어야 한다. '정당한 사유'의 구체적인 범위는 아직 정해지지 않았다.

'혼인에 따른 증여재산공제'는 자칫하면 기간이 지나 혜택을 놓쳐 버리거나, 혼인신고를 제때 하지 않아 세금을 추징당할 수도 있으므로 정확히 알고 활용히는 것이 중요하다. 또한 제도의 세부 항목을 결정할 법령이 아직 확정되지 않았으므로 개정 사항들을 지속적으로 확인해야 한다.

4. 상속·증여 시장의 니즈는 충분하지만 해결사가 없다

<상속·증여 고객들의 니즈는 충분하다>

필자는 매일경제 기자와의 인연으로 「2023 매경머니쇼」에 상속 증여 부분 대표 연사로 참여한 적이 있다. 매경머니쇼는 각 언론사 머니쇼 중 가장 큰 규모를 자랑한다. 참여 연사도 모두 WM 분야에서 내로라하는 강사들이었다.

필자가 가장 걱정한 점은 그렇게 이름값이 높은 연사들 틈바구니에서 참여자가 적으면 어떻게 할까였다. 주말이 아니라 평일 낮이었던 행사일도 부담이었다. 나름 회사를 대표해서 연사로 나가는데 파리만 날리면 안 되기 때문이다.

매경머니쇼는 행사장 전체에 여러 개의 강의장이 설치되고, 여러 주제의 강의가 동시에 진행된다. 따라서 참여자들은 동시에 진행되는 나머지 강의를 포기하고 한 강의를 선택해야 한다. 필자는 책 한 권 쓴 적이 없고 대외 활동을 한 사람도 아니었기 때문에 가장 수요가 적을 것으로 예상되었다. 하지만 걱정은 기우였다.

매경머니쇼에서 조기 매진된 강의 중 하나가 필자의 강의였던 것이다. 필자의 강의가 매진된 소식은 별도로 매일경제 기사에 언급될 정도였다.[5] 업계에서 전혀 유명하지 않은 필자의 강의가 왜

---

[5] 매일경제, 홍보대사 된 '트롯지니' "서울머니쇼 보러 오세요", 2023. 4. 19.

빨리 매진되었을까? 바로 주제가 '상속 증여'였기 때문이다.

필자는 사내에서 진행된 각종 리서치와 서울경제신문 기고를 통해 이미 상속 증여에 대한 대중의 관심을 잘 알고 있었다. 상속 증여에 대한 관심은 삼성가의 상속세 12조 이슈와 함께 2021년 집값이 정점에 이르렀을 때 최고조에 달했다.

서울이나 경기도에 집 한 채만 있어도 상속세가 나올 수 있다는 말이 퍼지면서 누구나 상속세 대상이 될 수 있다고 대중이 인식했기 때문이다. 그러한 니즈에 맞춰 각 금융사는 상속 증여에 관련된 조직을 만들었다. 대표적으로 신한라이프의 상속 증여 연구소, 한국투자증권의 자산승계 연구소, 피플라이프의 한국 상속 증여 연구소 등이 있다.

<가난한 'MZ세대'… 예고된 상속 분쟁>

요즘 젊은 층을 대변하는 말인 MZ세대에 따라붙는 수식어가 있다. 바로 '부모보다 가난한 첫 세대'이다. 대한민국은 6.25전쟁의 폐허 속에서 지속적인 성장을 해 왔다. 그 결과 항상 부모보다는 자식이 풍요로운 생활을 하는 것이 당연했다. 그렇게 항상 우상향하던 그래프가 꺾이기 시작하는 세대가 바로 MZ세대이다.

이러한 상황은 IMF 사태의 영향이 가장 컸다고 볼 수 있다. IMF 이후로 4년제 대학만 나오면 취업이 된다는 공식이 무너지며 본격적인 취업 전쟁이 시작되었다. 비정규직 비중이 늘어나고 정년 보장도 사실상 사라지면서 공무원의 인기가 높아졌다.

　MZ세대는 열심히 공부하면 중산층으로는 살 수 있다는 부모 세대의 공식이 더 이상 성립하지 않는다는 점을 알게 되었다. 열심히 공부해 좋은 기업에 취업해서 억대 연봉을 받아도, 부모님에게 서울 소재 아파트 한 채를 물려받은 백수를 경제적으로 따라잡기가 힘들어져 버린 것이다. 나의 노력보다는 부모님에게 받은 상속 증여에 따라 평생 소득이 결정되기 쉬운 시대에 상속 분쟁은 필연적으로 발생할 수밖에 없다.

　FP는 보통 상속 증여 컨설팅이라고 하면 세금에 치우친 컨설팅을 생각하기 마련이다. '상속 증여 컨설팅 = 절세 컨설팅'인 것이다. 하지만 앞으로는 상속인 간 분쟁도 충분히 고려해야 한다. 그것이 진정 고객이 원하는 컨설팅일 것이다.

<갈 곳 없는 고객들… 상속 증여 전문은 어디?>

　상속 증여 문제를 해결하려는 니즈는 차고 넘치지만 안타깝게도 고객이 상속 증여 문제를 접했을 때 딱 떠오르는 금융회사나 전문가는 존재하지 않는다. '핸드폰은 삼성', '가전은 LG' 등과 같이 '상속 증여는 XX'라는 해당 분야의 대명사 같은 느낌을 고객에게 주는 금융회사나 전문가가 아직 없다는 뜻이다. 고객들은 고민만 할 뿐 어디로 가야 문제를 해결할 수 있을지 막막하다.

　고객의 상속 증여 문제를 해결하려면 전문성과 경험을 가진 전문가 집단이 필요하다. 그런 전문가 집단이 시장에서 장기간 활동하며 브랜딩되어야만 고객에게 신뢰를 얻을 수 있을 것이다. 하지만 그런 시스템과 인력을 구축하는 데는 많은 비용이 들 수밖에 없다.

문제는 많은 비용이 투자되는 경우 대부분의 회사가 투자 대비 성과를 단기간 내에 요구한다는 점이다. 안타깝게도 금융회사에서 판매하는 상품이 고객의 다양한 상속 증여 문제를 근본적으로 해결해 주기는 어렵다. 그렇기 때문에 상속 증여 컨설팅과 회사의 직접적인 매출의 인과관계를 증명하기가 쉽지 않다.

만약 특정 상품으로 상속 증여 문제가 해결된다면 금융회사에서 훨씬 더 적극적으로 상속 증여 컨설팅에 투자했을 것이다. 금융 상품이 상속 증여 문제의 직접적인 솔루션으로 작용하기 힘든 상황이라면 금융사의 상속 증여 컨설팅 서비스는 고객을 유인하는 기능만 할 뿐이다. 직접적으로 매출을 발생시키지는 못한다는 뜻이다. 이렇게 매출을 직접적으로 창출하는지가 불분명한 사업에 수억, 수십억을 투자하기는 쉽지 않다.

결국 상황은 단순하다. 고객들은 니즈가 있지만, 회사가 문제를 해결해 주기를 기대하기는 어렵다. 그렇다면 어떻게 해야 할까? FP 스스로가 상속 증여 컨설팅의 플랫폼이 되어야 한다.

상속 증여 컨설팅은 법무와 세무가 통합된 종합 컨설팅 성격을 띠고 있다. 고객 1인이 아닌 한 가문에 대한 컨설팅이 되어야 한다. 그리고 각 가문마다 상황이 다르기 때문에 맞춤형 컨설팅을 지향해야 한다.

당연히 FP 단독으로 모두를 해결할 수는 없다. 그래서 플랫폼이 되어야 한다. 상속 증여 문제를 해결하기 위해 여러분을 만나기만 하면 여러분이 플랫폼이 되어 각종 솔루션을 조합해 제공하는 것이다.

FP가 고객에게 상속 증여 컨설팅을 제공할 때 가질 수 있는 장점은 다음과 같다.

첫 번째, 상속 증여 컨설팅을 하면 고객의 모든 재무 정보를 알고 시작한다. 상속 증여 컨설팅에는 고객의 모든 재무 정보가 필요하다. 상속이 발생하면 고객의 모든 부가 다음 세대로 이전되기 때문이다. 고객은 본인의 상속 증여 문제를 해결하기 위해 여러분에게 모든 정보를 제공할 것이다.

두 번째, 상속 증여 컨설팅은 고객 1인이 아닌 고객의 가족 전체를 컨설팅하게 된다. 즉, 한 명의 고객이 아닌 한 집안과 가문을 책임지게 된다. 고객 수가 많기 때문에 창출할 수 있는 부가가치의 크기도 엄청날 수 있다.

세 번째, 상속 증여 컨설팅의 솔루션에 반드시 필요한 종신보험을 세일즈할 수 있다. 생명보험의 꽃이라고 할 수 있는 종신보험은 상속 증여와 떼려야 뗄 수 없는 관계다. 무턱대고 컨설팅도 하지 않고 종신보험이 상속 증여의 만병통치약인 것처럼 영업해서는 안

되지만, 상속 증여 컨설팅을 진행할 때 반드시 포함되어야 하는 솔루션 중 하나임은 분명하다.

<상속 증여 시장, 준비된 FP만이 승리한다>

매일경제에 따르면 베이비부머 등 60세 이상 고령층 순자산이 지난해 사상 처음으로 3,500조 원을 돌파했다고 한다. 고령층 순자산은 관련 통계가 있는 2011년엔 1,172조 원 수준이었지만, 고령화 속도가 빨라지면서 11년 새 3배 이상 급증했다. 2011년부터 지난해까지 연령대별 자산 추이를 보면 고령층이 자산을 축적하는 속도도 눈에 띄게 빨라졌다.

전체 자산을 100%로 봤을 때 이 기간 2~30대가 보유한 순자산 비중은 15%에서 12%로 줄었다. 경제 주축인 4~50대는 57%에서 49%로 더 크게 감소했다. 반면 60세 이상 고령층 자산은 1,172조 원에서 3,600조 원 넘게 불며 28%에서 39%로 뛰었다.[6]

시니어 세대에게 자산이 몰리는 현상은 앞으로도 계속될 것이고, 결국 상속 증여 문제로 귀결될 것이다. 현명한 FP라면 지금부디라도 상속 증여 컨설팅을 학습하고 인프라를 구축해 '상속 증여 빅뱅'을 맞을 준비를 해야 한다.

---

6   매일경제, "증여 미루는 고령층… 60대 이상 자산 11년 새 3배 쑥", 2023. 08. 21.

MEMO